本书获得以下项目资助：
1. 河南省软科学研究项目"乡村振兴背景下河南省农地产权制
力机制与激励政策研究"（项目编号：232400410248）；
2. 河南省哲学社会科学规划年度项目"乡村振兴背景下河南省农地产权制度创新的历
史逻辑与现实选择"（项目编号：2022BJJ020）

乡村振兴背景下
河南省农地产权制度创新的
历史逻辑、动力机制
与激励政策研究

刘英杰　著

Study on The Historical Logic,
Motivation Mechanism And Incentive Policy of Agricultural
Land Property Rights System Innovation In Henan Province Under
The Background Of Rural Revitalization

经济管理出版社
ECONOMY & MANAGEMENT PUBLISHING HOUSE

图书在版编目（CIP）数据

乡村振兴背景下河南省农地产权制度创新的历史逻辑、动力机制与激励政策研究/刘英杰著.—北京：经济管理出版社，2023.6
ISBN 978-7-5096-9081-9

Ⅰ.①乡… Ⅱ.①刘… Ⅲ.①农地制度—土地产权—研究—河南 Ⅳ.①F327.61

中国国家版本馆 CIP 数据核字（2023）第 112880 号

组稿编辑：杨　雪
责任编辑：杨　雪
助理编辑：王　蕾　丁光尧
责任印制：许　艳
责任校对：张晓燕

出版发行：经济管理出版社
　　　　　（北京市海淀区北蜂窝 8 号中雅大厦 A 座 11 层　100038）
网　　址：www. E-mp. com. cn
电　　话：(010) 51915602
印　　刷：北京晨旭印刷厂
经　　销：新华书店
开　　本：720mm×1000mm/16
印　　张：13.75
字　　数：182 千字
版　　次：2023 年 6 月第 1 版　2023 年 6 月第 1 次印刷
书　　号：ISBN 978-7-5096-9081-9
定　　价：68.00 元

前　言

　　在多重风险、多重不确定因素的影响下，保障国家粮食安全、稳住国家农业基本盘是应对复杂挑战、赢得主动权的关键之举。守牢新时代"三农"基础，迈出乡村全面振兴坚实步伐，事关民族复兴之大局。我们应深刻领会乡村振兴战略实施的重要意义，以更高站位推动乡村振兴伟大实践。乡村振兴战略是经济高质量发展的需要、是城乡一体化和区域协调发展的需要、是实现全面深化改革的需要。乡村振兴战略不断发展完善，通过全面推进乡村振兴与建设社会主义现代化国家紧密相连。党和国家始终坚持将解决好"三农"问题贯穿于国家现代化建设整个过程。实施乡村振兴战略是建设现代化经济体系的重要基础。没有农业农村现代化，就没有整个国家的现代化；没有农村繁荣富强和没有农民安居乐业，国家现代化就是不完整、不全面、不牢固的。乡村振兴战略能有效满足乡村经济社会的发展需求，为共同推进乡村产业、人才、文化、生态、组织全面振兴奠定坚实基础。因此，只有做好乡村振兴工作，才能汇聚起同心共筑中国梦的磅礴力量。

　　农地产权制度改革既是新时代"三农"领域深刻的制度变革，也是推动乡村振兴的重要载体。土地是农民最重要的生存资料和财产，土地制度的变化不仅事关农民、农业、农村的发展，而且事关治理绩效与乡村稳定。农村土地的产权制度及其变迁服务于国家现代化发展战略。改革开放以来，农地产权制度不断创新，土地制度的"变动"引发了农民、农村社会要素能量的释放和能力的改变，实现了农村社会发展的"动能转换"。在农村集体产权制度改革中分析政府、村集体以及村民的目标实践，构建内外机制相互融合的治理实践，推动农村集体经济可持续发展。农村集体产权制度改革统筹做好国家规划、省级推进和基层落实的关系，协调安排好农地产权制度改革与经济效益、社会效益、政治效益的关系，从而夯实乡村振兴的物质基础、群众基础和治理基础。党的二十大报告指出，全面建设社会主义现代化国家，最艰巨最繁重的任务仍然在农村。无论是产业发展、农民富裕，还是有效治理等都需要对农村土地产权制度做出适应城市化、市场化和城乡融合发展的变革，以赋予农民更充分的发展权和选择权，有助于推动经济高质量发展与全面建设社会主义现代化国家。

改革开放以来，农地产权制度不断创新发展，在农地产权制度下衍生出土地互换模式、反租倒包模式、土地股份合作制模式、"土地银行+土地超市"模式等典型模式。总体来说，在土地流转过程中离不开政府的规范和引导。我国要按照"归属清晰、权责明确、保护严格、流转顺畅"的现代产权制度理论深化农地产权制度改革。推进农地产权制度改革，既是全面深化农村改革的重要任务，也是实施乡村振兴战略的重要抓手。

本书尝试运用马克思主义和西方经济学产权理论，从经济史视角分析新中国农村土地产权制度变迁与创新问题。河南省地处中原，是中国的农业大省。本书以河南省尉氏县为研究对象，对该县改革开放以来的农村土地产权制度进行了多面向、多层次的研究，意在为尉氏县及全国的农村土地产权制度改革以及创新提供具有针对性和实践性的政策建议。改革开放以来，我国农地产权制度经历了由两权分置到三权分置的探索与演变。两权分置在尉氏县的发展实践经历了包产到组、包产到劳、包产到户、包干到户等组织形式，从一个侧面体现了农地产权制度演化变迁历程。家庭联产承包责任制以农户或小组为承包单位，扩大了农民的自主权，发挥了小规模经营的长处，克服了管理过分集中和平均主义的缺陷，又继承了以往合作化的积极成果。三权分置在尉氏县农地流转过程中的实践探索，进一步丰富了农地所有权、承包权和经营权相互关系理论和实践价值。农地流转三权分置制度是在两权分置演化实践基础上的又一次制度创新。三权分置对农地所有权、承包权和经营权边界的清晰界定，微观上有利于提高农地使用效率，促进农村生产要素优化配置；宏观上有利于进一步解放和发展农村生产力，增加农民收入，促进农村生产关系的变革。本书通过案例研究了解到尉氏县通过提升农业生产技术水平、扩大经营规模与坚持农产品多元化和专业化经营管理等措施积极推动农村经济发展，推进乡村振兴战略发展。我国农地产权制度创新应继续本着产权分割、产权明晰、产权完整的路径进行创新，推动农村经济发展，实施乡村振兴战略，建设全面小康社会和现代化国家。

摘　要

　　党的二十大报告指出，全面建设社会主义现代化国家，最艰巨最繁重的任务仍然在农村。农村地区经济发展水平相对薄弱，经济发展潜力有待挖掘，而土地是农业生产与农民生活的重要基础，新时代下，农地产权制度也需要适应农业生产力的变化。乡村振兴战略的实施，意在解决中国城乡经济发展不平衡的难题，提高农村经济的效率与活力。推进农地产权制度创新，扎实推进乡村振兴战略是经济高质量发展的必由之路，也是加快构建新发展格局，全面建设社会主义现代化国家的要求。

　　农地制度历来是农村变革的关键，其要义在于产权，产权制度的核心在于公平和效率。农地产权制度创新在于建立起"归属清晰、权能完整、保护严格、流转顺畅"的农地产权制度。推进农地产权制度创新有利于增加农民致富渠道，巩固和完善农村基本经营制度，对于全面推进乡村振兴，推动城乡融合发展，全面建设社会主义现代化国家具有重要意义。本书以豫东平原河南省尉氏县为研究对象，对该县改革开放以来的农村土地产权制度进行了多面向、多层次的研究，意在为尉氏县及全国的农村土地制度改革以及创新提供具有针对性和实践性的政策建议。

　　两权分置（1978~2014 年）：两权分置在尉氏县的发展实践经历了包

产到组、包产到劳、包产到户、包干到户等组织形式，从一个侧面体现了农地产权制度演化变迁历程。1978 年家庭联产承包责任制在尉氏县的迅速发展具有客观必然性，它以农户或小组为承包单位，扩大了农民的自主权，发挥了小规模经营的长处，克服了管理过分集中和平均主义的缺陷，又继承了以往合作化的积极成果，坚持了土地等基本生产资料的公有制和某些统一经营的职能，使多年来新形成的生产力更好地发挥作用。尉氏县家庭联产承包责任制的建立和发展打破了人民公社时期农地所有权和使用权合于集体的格局，微观效率得到提升、产权关系进一步明晰，主要表现为：土地家庭承包经营权内容完整化、土地家庭承包经营权期限长久化、农村土地家庭承包经营权性质物权化。两权分置作为实现农地集体产权的有效形式，释放出了巨大的制度绩效。

三权分置探索（2014 年至今）：2014 年三权分置在尉氏县农地流转过程中的实践探索，进一步丰富了农地所有权、承包权和经营权相互关系理论和实践价值。农地流转三权分置制度，是在两权分置演化实践基础上的又一次制度创新。三权分置对农地所有权、承包权和经营权边界的清晰界定，微观上有利于提高农地使用效率，促进农村生产要素优化配置；宏观上有利于进一步解放和发展农村生产力，增加农民收入，促进农村生产关系的变革。从某种意义上说，三权分置为中国农业现代化奠定了土地制度基础，为推动经济新常态下的国民经济发展奠定了制度基础。

新时代持续推进农村土地产权制度变革，党的二十大报告做出了重大战略部署，属于党的"三农"工作的一个重要环节，相关的方针政策都具有一定的继承与发展，对于全面建成小康社会和现代化社会具有重要的意义。如何在中国经济高速增长向高质量发展阶段转型的大环境下创新农村土地产权制度，保障农民权益，对实施乡村振兴战略也具有重要的实践意义，是新时代"三农"工作的一个重要方向。在我国社会主义市场经济体制的框架下，构建一个什么样的农村土地产权制度，目前还没有一个明确的界定。在新时代经济发展特征下，加速农业发展的宏观战略布局，以农村土地产权制度突破为重点来探索农地流转的新模式，虽然在实践中取得了一系列突破与成效，但仍存在一定的问题需要解决，应继续本着产权分割、产权明晰、产权完整的路径进行创新，推动农村经济发展，实施乡村振兴战略，建设现代化国家。

Abstract

The report of the 20th National Congress of the Communist Party of China pointed out that the most arduous and onerous task of building a modern socialist country in an all-round way is still in the countryside. The level of economic development in rural areas is relatively weak, and the potential of economic development needs to be tapped. Land is an important basis for agricultural production and farmers' life. In the new era, the property rights system of agricultural land also needs to adapt to the changes of agricultural productivity. The implementation of rural revitalization strategy aims to solve the problem of imbalanced economic development between urban and rural areas in China and improve the efficiency and vitality of rural economy. Promoting innovation in the system of farmland property rights and taking solid steps to advance the rural revitalization strategy are the only way to high-quality economic development. They are also the requirements for accelerating the construction of a new development pattern and building a modern socialist country.

Farmland system has always been the key to rural reform. Its essence is property rights, with fairness and efficiency being its core. The innovation of farmland property rights system should establish a farmland property right system with clear ownership, complete power, strict protection and smooth circulation. Promoting the innovation of the farmland property rights system will help increase the channels for farmers to get rich, consolidate and improve the basic rural management system, and is of great significance for comprehensively promoting rural revitalization, promoting integrated urban and rural development, and comprehensively building a modern socialist country. Taking Weishi County in the Eastern Henan Plain as research object, this dissertation does a multi-faceted and multi-level research on its rural land property rights system since the reform and opening up. Its research objectives focus on providing pertinent and practical policy suggestions for the reform and innovation of the rural land system of Weishi County and the whole country.

Two rights separation (1978-2014): The practice of separation of the two rights in Weishi County went through such organizational forms as contracted production to group, contracted production to labor, contracted production to household, and contracted labor to household, which reflected the evolution and change of the farmland property right system. In 1978, the rapid development of the contract responsibility system of co-production in Weishi County was inevitable. By taking farming households or groups as contractors, it improved the autonomy of farmers and heightened the advantages of small-scale operation. It overcame the shortcomings of over-centralized management and equalitarianism while inherited the positive results of previous cooperation. It adhered to the public ownership of basic production materials such as land and certain functions of unified management, which enabled the newly formed productive forces to play a better role over the years. The establishment and development of the household contract responsibility system in Weishi County broke the pattern of the integration of land ownership and right of use under collectives from the period of the people's commune. The micro-efficiency was improved and the property right relationship was further clarified. The main manifestations were the content completion of the household contract management right of land, the eternalizing of the term of the household contract management right of land and the materialization of the property right of rural land family contract management. As the effective form of collective property rights, the two rights division released huge institutional performance.

Three rights separation (2014 to present): The practice of separation of three rights in the process of farmland transfer in Weishi County in 2014 had further enriched the theoretical and practical value of the relationship among farmland ownership, contractual rights and management rights. The system of separation of three rights in farmland circulation was another institutional innovation based on the practice of separation of two rights. The separation of three rights clearly defines the boundaries of farmland ownership, contractual rights and management rights, which is beneficial to improving the efficiency of farmland use and optimizing the allocation of rural production factors on the micro level. On the macro level, it is beneficial to further liberating and developing rural productive forces, increasing farmers' income and promoting the transformation of rural production relations. In a sense, the separation of three rights has laid the foundation of land system for China's agricultural modernization and the promotion of national economic development under the new normal economic situation.

With regard to the promotion of the reform of rural land property rights system, the report of the 20th National Congress of the Communist Party of China has also made a major strategic plan, which is an important part of the CPC's work on agriculture, countryside and farmers. The relevant policies have certain inheritance and development, which have great significance on building a moderately prosperous society in an all-round way. How to innovate the system of rural land property rights and protect the rights and interests of farmers in the context of the transition from high-speed economic growth to high-quality economic growth has great practical significance to the implementation of the strategy of rural revitalization, and it is also an important direction of the three rural work in the new era. Under the framework of China's socialist market economic system, there is no clear definition of the kind of rural land property rights system to build. In the new era of economic development, accelerating the macro-strategic layout of agricultural development, focusing on breakthroughs of rural land property rights system to explore new patterns of agricultural land transfer. In practice, a series of breakthroughs and achievements have been made, but there are still some problems to be solved. Innovation should be continued along the path of property rights division, property rights clarity and property rights integrity, so as to promote rural economic development, to implement the strategy of rural revitalization, and to build a modern country.

目　录

第一章　导论

第一节　研究的目的和意义

一、研究目的

"三农"问题是中国社会发展过程中的根本问题之一，然而"三农"问题的根本是土地问题，土地问题的重中之重是农村土地产权制度。[①] 土地产权制度是国家调节国民经济社会有序发展的基本经济制度，主要是通过规范土地权属，实现土地的有效利用。[②] 中国是一个农业大国，农村土地产权制度不仅对中国农村经济增长和社会发展起着重要的作用，同时也

---

① 刘书楷：《土地经济学》，中国农业出版社 1996 年版，第 137-142 页。
② 梁志元：《中国农村土地流转制度创新研究——基于土地收储的视角》，吉林大学博士学位论文，2016 年。

涉及整个国家的经济和社会发展。[①] 中华人民共和国成立以来，中国农村土地产权制度经历了数次重大变迁，具体可划分为土地改革时期的农民土地所有制、农业合作社、集体所有制、家庭联产承包责任制。在中国农村经历的几次重大的土地产权制度变迁中，土地的所有权和使用权一直是土地制度的核心问题。纵观我国农村土地产权制度发展的数次变迁，中国农村土地产权制度一直在朝着效率更高的方向发展。我国农村土地产权制度的变迁历程，为农村土地的进一步调整与完善提供了宝贵经验，也是未来的支点。

在百年未有之大变局下，全方位夯实粮食安全根基，确保中国人的饭碗牢牢端在自己手中显得尤为重要。全面建设社会主义现代化国家征程中要发掘农村地区经济增长的潜力，关键在于解决"三农"问题，土地作为农业生产的基础，是农民安身立命的根本，厘清农民与土地产权的关系对于实现乡村振兴至关重要。自改革开放以来，中国的农业生产是稳定发展、逐年增加的，尤其是农作物的增长。几次主要土地产权制度的改革和调整，对中国农业生产和农村经济发展产生了或多或少的影响。随着改革开放的日益深化，以家庭联产承包责任制为主要形式的农村土地产权制度的一系列问题逐渐暴露，如土地承包制的不规范，征地补偿费和安置补偿费标准偏低及分配和使用不合理，土地的非流转性等，影响了农村和农业经济的发展，成为当前农村面临的突出问题。因此，当前农村土地产权制度改革迫切需要运用现代经济学理论，合理地界定和安排农村土地产权，

---

① 中华人民共和国成立后从"土地改革"到"人民公社"和"家庭联产承包责任制"，农地产权制度经历了由封建土地所有制到农民土地私有制，由农民私有到农有社营，由农有社营到集体公有公营，由集体公有公营到家庭承包经营四次变革。见李竹转：《我国农地产权制度改革应注意的问题》，《山西高等学校社会科学学报》2003 年第 8 期。

科学构建一套与经济发展相适应的农地产权体系。

二、研究意义

本书以河南省尉氏县农村土地产权制度变迁为例进行研究。之所以选择尉氏县为研究对象，主要基于以下原因：

首先，河南省地处中原，是农业大省、产粮大省，土地是河南人民赖以生存的关键要素，土地问题牵扯到社会的方方面面。尉氏县地处中原腹地，是河南省传统的农业县，以旱田小麦为主。尉氏一地的土地历史演进，可以反映河南省情况，在全国范围内也有一定代表性。就目前学界关于中华人民共和国成立后土地问题的研究成果看，关于经济发达省份、沿江沿海地区的研究相对比较丰富和成熟，关于河南的研究尚有很大深入空间。

其次，尉氏县地处平原地区，土地相对平整，土地连片，比较适合做土地流转。近年来，尉氏县借助政策东风，出现了一批土地流转模范，2014 年 5 月 9 日习近平总书记亲临尉氏县张市镇考察指导，访谈群众代表中即有一位土地流转模范。

再次，尉氏县档案馆管理规范，1949 年至今党和政府的档案资料保存得比较齐全，有丰富的与研究相关的史料可以查阅和应用。笔者在尉氏县档案馆查阅档案期间，得到馆内工作人员的大力帮助和支持。查阅档案虽然花费精力，但过程比较顺利。

最后，笔者还带有一点个人的感情寄托。笔者家祖祖辈辈居于尉氏，从小喝尉氏水、吃尉氏面长大，成年后虽然出来学习、工作，但心中对家乡的热爱始终未减，想通过做学术研究的机缘，为家乡做出一点贡献。通过研究了解到，尉氏县通过提升农业生产技术水平、扩大经营规模与坚持农产品多元化和专业化经营管理等措施，积极推动农村经济发展，推进乡村振兴战略发展，在尉氏县形成了良好的农业经营环境，为推进农地产权制度创新提供了良好的氛围与基础。此外，完善的产业基础与乡村文化底蕴为农地产权制度创新提供了更多的可能性。

综上，本书尝试运用马克思主义和西方经济学产权理论，以经济史视角分析我国农村土地产权制度变迁与创新问题，以河南省尉氏县的实践为例进行深入挖掘梳理，小中见大，为新时代我国农地产权制度提供创新性理论解释，探寻我国农地产权制度持续优化的创新机制与可行路径。

（一）理论意义

中国农村土地产权制度经历了几次较大的变迁，尽管现在看来这些变迁存在一些问题，但是这些制度的产生都给当时的农村甚至全国的经济发展带来了较大的影响。目前，国内外学者开展了许多关于中华人民共和国成立后农村土地产权制度问题的研究，但是由于新中国成立后农村土地产权制度创新不仅是一项十分复杂的理论问题，同时也是一项繁杂的现实问题，目前仍有许多待解问题，如土地所有制与产权之间的关系问题、土地产权的内涵和"权利束"的构成问题、土地承包权是物权还是债权的问题、土地产权制度在历史上的演变问题、怎样评价农村土地产权制度创新模式问题等。这些问题扑朔迷离，需要进一步结合中国农村经济发展的实际情况加以深入研究。

同时，随着农村经济的不断发展，目前中国农村出现了多样化的土地产权制度创新模式，如"两田制""承包权固化""土地股份合作制"等。这些不同的土地产权制度创新模式需要科学的经济学理论加以解释。纵观全国各地开展的多种多样的实践，这些土地产权制度创新缺乏科学的理论给予指导。因此，日渐涌现的农村土地产权制度创新急需关于农村土地产权制度方面的研究。探索中国农村土地产权制度发展过程中可能的变革方向，能为中国农村土地产权制度的建设给予理论支持。同时，研究农村土地制度一方面可以改善研究的科学性和时效性，另一方面也可以推进新农村建设和农村经济体制改革，加快农村经济、社会发展。本书通过对河南省尉氏县农地产权制度创新的相关研究，丰富和完善了我国农地产权制度的理论分析框架，基于乡村振兴视角分析了河南省尉氏县农地产权制度创新的效果，通过实证案例研究与理论阐述相结合的方法，研究了河南省农地产权制度的改革过程、历史逻辑与政策效果，构建了新时代背景下河南省农地产权制度的研究框架，为其他地区的农地产权制度变革提供了借鉴。

（二）实践意义

随着当今各项改革的加速，尤其是农村小康社会的建成，农村涌现出了多种多样的土地产权制度创新模式。这些理论和现实问题的研究可以指导实践，规范人们的创新行为。此外，由于近年来农民收入增加逐年减缓，迫切需要通过农村土地产权重构来增加农民收入，研究农村土地产权制度创新，可以给予农民很好的实践指导。另外，由于城市化进程的加速，农村土地产权交易日益活跃。中国的农村土地产权制度，由中华人民共和国成立初期的土地私有制到如今的家庭联产承包责任制，一直是学者关注的一个最主要问题。农村土地产权制度的改革和完善对农村有诸多现实意义,如早日实现中国农业现代化、农民增收和农村社会生活稳定。总而言之,本书关于农村土地产权制度变迁与创新选择的研究,有益于推动全中国农村社会生产力的发展,有益于农村土地产权市场的发展和规范运作,有益于农民收入的快速增加,有益于巩固农村全面建成小康社会的成果。

当前,中国社会的主要矛盾已经发生了变化,但中国仍然处于社会主义初级阶段,这一社会环境和发展阶段要求人们重视研究农村土地和农村土地制度。土地是人类生存所必需的、不可再生的资源,具有不可替代性、有限性、固定性、增值性、多样性等自然特性和经济特性。这些特性也决定了人类必须重视土地。中国是一个农业大国,农民问题一直是中国社会发展的根本问题,而与农民最紧密相关的则是土地。农村土地的特点和功能决定了农村土地问题,是维系国计民生的重大战略问题,它既关系到农业的持续发展和农村社会的稳定,也决定了国民经济的持续发展和国家的社会稳定。同时,当前的发展战略也需要我们重视农村土地问题。坚持科学发展观、构建社会主义和谐社会,必须处理好农民和土地等一系列关键问题。全面建成小康社会离不开农民小康的实现,社会主义新农村建设为我们提供了目标和方向。以上一系列情况都决定了我们研究农村土地和农村土地制度问题的迫切性。

通过对现有文献进行梳理,基于乡村振兴战略的视角研究农地产权制度创新的历史逻辑、动力机制与激励政策,能够为农地产权制度的改革与乡村振兴战略的实施提供借鉴,有利于提高乡村治理成效。目前,不同国家有不同的土地产权制度,美国、法国等国家主要实施的有土地国有和土地私有这两种土地制度。在中国，土地问题尤其是农村土地产权制度问题具有久远的历史背景，合理的农村土地产权制度不仅能确保农村土地的可持续利用，也可以确保充分利用有限的土地资源、劳动力和资本来获取最大产出，保证土地资源在农业产业之间、单位和个人之间进行合理配置，与社会需求结构相协调。总体而言，关于农村土地问题的研究具有十分深远的意义。

第二节　相关概念界定

一、理论溯源

本书在写作过程中主要借鉴和使用的理论包括经济学理论中的制度变迁理论及产权理论等，为便于对全书理解，此处作简要的说明。本书所指土地，仅指耕地，不包含四荒地、宅基地、建设用地及林地等。

结合西方经济学的产权理论和马克思的产权理论，在中国经济学家的研究中，"产权"一词司空见惯，但对其的解释却是多种多样，这与产权的一些特性相关，如产权的运动性、复杂性、不确定性等。因而，经济学家们在解释产权这一概念时需要从不同的角度出发，从不同的研究目的去解释和理解产权。同时，也正是因为产权在现实状况中表现出来的复杂性，每一种关于产权的解释，似乎都能够得到一些历史和现实的支持，也导致产权概念没有统一的解释。① 目前关于产权的解释主要可以概括为以下几个方面：一是从内涵方面理解，这种形式的产权定义主要关注的是人与物的关系，把人与物的关系认为是产权发生的直接原因，把人与物的关系看作是产权的本质所在，把产权视为行为权，不再是静态的所有权归属。② 二是从外延方面理解，主要是依据产权包含的权利来分析的，这种解释认为产权同时包括人对有形物质和非物品（财产）的权利。③ 三是从功能方面理解，主要是从功能方面来定义产权，主要从某种功能上来解释产权，不再是抽象地给予解释。④

综上所述，尽管有关产权内涵的解释不同，但也有一定的共性。第一，产权既包括人与物之间的关系，也包括由物的存在引发的人与人之间的关系。产权的本质是对财产行为权利的一种界定，主要是为了解决人们在交易中受益、受损以及补偿的问题。第二，产权不同于所有权，产权是经济所有制关系的法律表现形式，它包括财产的所有权、占有权、支配权、使用权、收益权和处置权等各种权利。第三，产权在协调和规范人们行为的过程中具有强制性。第四，产权是可以分割的，其所包含的权利项是可以分解和组合的。总之，土地产权是一束权利概念的总称，主要包括以土地所有权为核心而衍生的相关产权权利，以及彼此之间相互辩证的关系。⑤

理解制度的含义是理解产权制度的必要条件。国内外学者有许多有关

① ［美］道格拉斯·C.诺思：《经济史中的结构与变迁》，上海三联书店1994年版，第150页。
② R.H.科斯：《社会成本问题》，载R.H.科斯、A.阿尔钦、D.诺斯等：《财产权利与制度变迁》，上海三联书店、上海人民出版社1994年版，第69-73页。
③ R.H.科斯：《社会成本问题》，上海三联书店2000年版，第200页。
④ 宋红松：《中国农地使用制度研究——农地承包制的变迁与创新》，载蔡耀忠：《中国房地产法研究（第二卷）》，法律出版社2003年版，第168-172页。
⑤ 《马克思恩格斯全集（第4卷）》，人民出版社1985年版，第180页。

制度概念的理解。简单归纳为，制度是一些约束人们行为的规则和习惯。制度包括正式制度和非正式制度。正式制度是指一些成文的规定，包括法律、法规、规则合同等，具有强制约束性和必须执行性。而非正式制度是指人们在社会交往过程中形成的，并且得到社会认可的习俗、约定恪守的行为准则，包括风俗习惯、文化传统、意识形态等。总而言之，制度的作用有规范人的行为、控制人们行为等。

农村土地产权制度主要是指一个国家对土地产权结构和产权关系的制度安排，包括农村土地产权结构及其性质方面的制度安排、农村土地产权关系的制度安排和农村土地产权国家管理与调控的制度安排。农村土地产权制度是农村土地制度的最主要问题，其合理与否直接影响农村土地资源和农业生产要素的配置效率。①

新制度经济学家认为，制度一旦形成，在一段时间内能够保持稳定的状态，但它也不是一成不变的，它会随着社会的变化而发生变化。制度变迁是指新制度产生、替代或改变旧制度的动态过程。就一个发展过程而言，制度变迁是一种效率较高的新制度代替旧制度的过程。新旧制度更替的本质是新旧制度之间的利益权衡。一些研究学者指出，制度变迁是一个制度不均衡时寻求潜在获利机会的内在交替过程，即制度从非均衡走向均衡的一个过程。这一理论表明了制度变迁是缓慢进行、逐步完成的。制度外部环境的改变破坏了制度内的一个平衡状态，制度框架内的部分会根据制度内部与外部环境变化形成新的均衡。

制度变迁有两种形式，即诱致性制度变迁和强制性制度变迁。诱致性

---

① 韩俊：《中国经济改革 30 年：农村经济卷（1978—2008）》，重庆大学出版社 2008 年版，第 40 页。

制度变迁即内生性制度变迁，指制度变迁的原因主要是制度本身，是市场经济发展的结果，与制度外的力量无关。诱致性制度变迁主要是由制度的供给方和需求方关系的变化推动的，其供给取决于社会科学进步程度和法律体系的完备性。而制度变迁的需求方由新制度的潜在经济利益来决定。强制性制度变迁又称为外在性制度变迁，是指由外部力量作用引起的制度变革，一般情况下是通过政策和法律法规来督促其实行的。一般而言，政府对制度变迁的干涉会产生以下两种结果：一是加快经济发展；二是造成经济发展缓慢或者使经济运行受到破坏。强制性制度变迁是自上而下实行的一种激进的制度变迁模式。制度变迁进入某一路径之后，就会对该路径产生依赖，同时在这一过程中也会强化各种路径依赖。制度变迁的路径依赖性通过影响人的观念而影响其决定的选择，进而反映在制度上对经济效率产生影响。如果制度变迁的初始条件是优越的，那么，这种路径依赖的自我强化作用会使制度朝着有效率的方向演进；反之，制度变迁就会被锁定在一种无效率的状态。

二、概念界定

在全书的写作过程中，基于各阶段的特点，需要经常用到几个特殊的概念，如乡村振兴、两权合一、两权分置、三权分置等，特在此进行概念界定。

（一）乡村振兴

乡村振兴是中国政府提出的重要战略，旨在通过改善农村基础设施、提高农村居民生活水平、促进农业现代化等措施推动农村经济发展和社会进步，实现城乡共同发展。改革开放以来，中国经济飞速发展的同时也埋下了城乡发展不均衡的隐患，乡村振兴战略的实施是扎实推进乡村发展建设、推动经济高质量发展的重要举措。世界百年未有之大变局正加速演进，中国经济发展面临着机遇与风险并存的局面，解决好"三农"问题是重中之重，要不遗余力地加快农业农村现代化发展，推进乡村振兴战略。农地产权制度创新与乡村振兴战略紧密相连，乡村振兴的实施是解决"三农"问题的重要抓手，乡村振兴发展要求农地产权制度不断与时俱进，紧跟农村生产力发展，乡村振兴与农地产权制度创新都是解决"三农"问题的重要举措，两者殊途同归。乡村振兴战略的推行需要不断深化农地产权制度，因此，在乡村振兴的背景下研究农地产权制度创新的历史逻辑、动力机制与激励政策就显得格外重要。

（二）两权合一

1948~1954 年，土地改革是中国共产党在农村展开的主要活动。这一阶段的农村土地产权制度是依据《中华人民共和国土地改革法》，实行农民土地所有制。这次土地改革实施以后，全中国 3 亿多无地和少地的农民获得土地，建立了"耕者有其田"的农民土地所有制。同时减免了地租，很大程度上提高了农民的生产积极性，农业产量和农民收入出现了较高幅度的提升，甚至一度超越了历史最高水平。1955 年夏天之前，尽管农业集体化推进过程中也有部分高级农业生产合作社，但主体仍是以农民土地所有制为基础的互助组和初级农业生产合作社，土地的所有权和经营权都归农民所有。这是中华人民共和国农村土地两权合于农民的时期。

此后，中国完成了第二次土地所有制改革，即通过集体化，集体化实现的最初形式是高级农业生产合作社，将农民土地所有制改为集体土地所有制。土地的所有权和经营权归于合作社集体，即土地两权合一，都归集体所有。"大跃进"时期积极推进的人民公社化运动，只是将这种两权合一的范围从高级农业生产合作社的集体扩大到了人民公社这个更大的集体。土地两权合一的公有集体所有制规定了所有权和使用权两者的直接统一，即国家或集体对土地享有占有、使用、收益、依法处分的权能。公有制是土地归部分或全体人民共同所有的占有制形式。这一制度规定了土地占有的主体是代表全国人民的国家或代表组织内部成员的集体。历经农业生产互助组、初级农业合作社、高级农业合作社和人民公社这几个发展阶段，农民个人的土地私有逐步转变为集体所有，统一经营，按劳分配。农民土地所有制被废除，代替农民土地所有制的是土地的集体所有制，国家对土地拥有终极处分权。土地两权合一，公有权能属于公法范畴，公法的一方主体是国家或集体，以强制规范为主，因此，国家或集体对土地拥有至高无上的权力。

（三）两权分置、三权分置

改革开放以来，中国农村的土地制度是家庭联产承包责任制，两权分置与三权分置都是家庭承包框架下的不同的产权形式。从两权分置到三权分置制度变迁过程而言，三权分置产生于两权分置，是两权分置权利上的调整。两权分置是指土地所有权与土地承包经营权归不同的主体。这一时期集体拥有土地所有权，即土地集体所有权；而农户拥有土地承包经营权，即农民可以家庭为基本单位、以承包合同形式承包集体所有的土地。

为了进一步深化农村土地制度改革，党的十八届三中全会以后，提出了要在坚持农村土地集体所有的前提下，促使承包权和经营权分离，形成所有权、承包权、经营权分置，即三权分置。土地三权分置的最主要目的是活跃农村土地经营权，早日实现农业产业化。

农村土地三权分置之后，首先，落实了农村集体所有权，农村土地所有权的权利主体也更加明确。所有权主体是农民集体，而在实践中一直存在着主体虚位、主体模糊的弊端。集体所有权的最主要特点体现在国家对土地的管制和土地使用制度上。其次，更加清晰地界定了农村土地承包权的权利主体及其包括的内容。农村土地承包权主要是指在稳定现阶段的土地承包关系基础上，承包人（即农民家庭）对承包土地依法享有占有、使用、收益的权利。最后，明确了农村土地经营权的权利主体。农村土地经营权是从农村土地承包经营权中分离出的一项权能，就是承包农户将其承包土地流转出去，由其他组织或者个人经营，其他组织或者个人取得土地经营权。

第三节　国内外研究现状

目前关于农村土地产权以及产权制度的研究较多。在中华人民共和国成立前，就有一批知识分子关注土地产权，这些学者在研究了西方的土地产权模式之后就展开了对中国农村土地产权制度的研究。初期，国内一些学者从经济学、制度经济学、法学等多个学科门类来解释土地产权，这些研究为中国农村土地改革奠定了理论依据。1949 年中华人民共和国成立后，以生产资料公有制为基础，研究学者们以这些学科的基础研究为依据，希望建立以公有制为基础的农村土地模式。党的十一届三中全会之后，随着商品经济时代的到来，学者们也开始着眼于市场经济，以新的视角来审视中国农村土地制度，从而发现了许多新的问题，也提出了许多新的建议，主要陈述以下几点：

一、关于土地权能问题的研究

关于中华人民共和国成立后农村土地所有权的争论，主要就是土地到底是属于国家拥有，还是属于集体所有的问题。有学者认为，当前中国农村土地产权主体不清晰，表现出主体多元化的现象，这会影响农民的收益。[1] 同时也有学者指出，土地所有权是属于集体所有的，但集体的概念却模棱两可；目前，农民的承包经营权也需要对经营权、承包权给予具体的法律内涵。[2] 蔡镇疆指出，土地归集体所有可能会导致地方政府的利益和人民利益存在冲突的情况。[3] 杨显贵和夏玉华指出，现阶段中国的土地经营呈现出"细碎化"的一种情况，严重影响了农村土地的利用效率。[4] 在土地所有权、承包权、经营权的三权关系方面，有学者指出，在市场经济导向下，承包权和经营权分离是有利于市场经济发展的。[5] 关于土地承包经营权的抵押问题，黄小虎认为，现在学界有一个错误认识，也就是农民不能直接抵押土地，进行流转之后却能抵押，而农业要使土地被挤压的

① 钟怀宇：《论改革中国农村土地集体所有制的实现形式》，《当代经济研究》2007 年第 3 期。
② 张燕梅：《农地使用权流转中农民土地权益流失及对策》，《台湾农业研究》2012 年第 3 期。
③ 蔡镇疆：《中国农村土地集体所有制问题分析》，《新疆大学学报（哲学社会科学版）》2006 年第 6 期。
④ 杨显贵、夏玉华：《我国现阶段农村土地制度探析》，《湖北社会科学》2005 年第 1 期。
⑤ 刘守英：《土地制度与农民权利》，《中国土地科学》2000 年第 3 期。

效能充分发挥，就涉及土地承包经营权的抵押问题。① 综上所述，在现有中国农村土地产权制度下，中国土地产权方面的问题主要集中在以下两个方面：一是产权主体界定不严格，具有较大的变动性和不确定性，缺乏明晰化和规范化的土地产权归属，以至于所有权处于虚置状态；二是农民拥有的土地权能受多种因素影响，出现权能弱化的现象，同时，关于所有权、承包权、经营权所涉及的法律问题有待进一步研究。

二、关于农地产权制度的研究

中华人民共和国成立后农村土地制度经历了几十年的变革，现已形成了一套不同于之前、又不同于其他国家的特殊的制度。研究学者对这种具有"中国特色"的农村土地制度从不同的侧面展开了一系列的研究并得出了不同的看法，主要包括以下几个方面：一是土地制度变迁的研究，主要集中在变迁的历程、动因和效率评价上。② 二是土地制度本身的研究，主要针对国内不同地区间农村土地制度的比较以及各个国家农村土地制度的比较。③ 但在不同国家之间，关于农村土地之间的比较研究以描述为主，没有足够的理论深度和实证分析。针对国内不同地区的土地制度，王沪宁以不同区域土地调整频次的差异作为制度差异，应用集体行动的理论框架，对制度差异给出了一个较有说服力的解释。④ 三是经营制度，主要是指对"两田制"等多种经营模式的研究，是以土地集体所有制为基础，

---

① 黄小虎：《土地制度改革新思路和路线图》，《党政干部参考》2014 年第 19 期。
② 王景新：《中国农村土地制度的世纪变革》，中国经济出版社 2001 年版，第 400 页。
③ 王利明：《物权法专题研究》，吉林人民出版社 1997 年版，第 88 页。
④ 王沪宁：《当代中国村落家族文化》，上海人民出版社 1991 年版，第 50 页。

对各地出现的土地经营模式开展的研究。① 四是权利研究，针对土地所有权、使用权、承包权和其他权利的研究。② 由于产权概念的引入，针对农村产权的研究成为一个研究的热点。③ 既有从经济学角度的研究，也有从法学角度的研究。其中围绕"承包经营权"的产权性质和"三权分离"的制度建构的争论颇为热烈。五是改革研究，包括改革的必要性、途径、实践探索和具体内容等方面的研究。对土地制度改革的研究主要是以批判的角度，从土地制度的缺陷出发，许多研究者依据现有的土地制度导致的效率损失，认为改革农村土地制度是必须的。④ 研究学者在对土地制度缺陷的认识上虽然有一定的意见分歧，大的方向上却是异途同归的。但是，在对农村土地制度改革方向的研究上，不同学者对农村土地制度的改革方向的判断是不尽相同的。⑤ 有些学者认为，新型土地制度的出现会导致集体所有权的弱化，强化农民的永久使用权，也会提升国家的宏观调控能力。⑥ 有一部分学者运用实证研究的方法，对中国农村区域的实际情况展开了大量的研究，同时根据政策制定的依据提出了不同的观点，他们认为建立稳定的农村集体所有权制度是中国农村集体所有制的最终目标。⑦ 六是关于征用制度的研究，包括征地程序、范围、补偿标准和方式、土地发展权等。随着中国工业化和城市化进程的加速，关于农村土地征用的问题

---

① 王泽鉴：《民法物权：用益物权·占有》，中国政法大学出版社 2001 年版，第 189 页。
② 汪丁丁：《经济发展与制度创新》，上海人民出版社 1995 年版，第 350 页。
③ 文森特·奥斯特罗姆：《隐蔽的帝国主义、掠夺性的国家与自治》，载［美］V. 奥斯特罗姆、D. 菲尼、H. 皮希特：《制度分析与发展的反思：问题与抉择》，商务印书馆 1992 年版，第 168 页。
④ 乌达钦：《土地规划理论问题》，农业出版社 1960 年版，第 200 页。
⑤ ［美］赫伯特·西蒙：《现代决策理论的基石》，北京经济学院出版社 1989 年版，第 190 页。
⑥ ［英］亚当·斯密：《国民财富的性质和原因的研究》，商务印书馆 1974 年版，第 500 页。
⑦ 陈锡文：《为什么提倡实行"增人不增地、减人不减地"的耕地承包办法？》，《中国改革》1994 年第 1 期，第 52-54 页。

受到更多的关注，目前也是中国农村土地制度研究的重点问题。

三、农村土地制度改革方向的研究

学术界对改革的方向分别指向国有化、私有化、混合所有制和坚持与完善现行土地集体所有制。

国有化这一方案坚定地认为土地所有权是属于国家的，应该把作为经营权的承包制改成租赁制。张德元认为[①]在土地所有权归国家的前提下，农民与国家属于租赁关系。魏正果[②]和杨勋[③]也指出，土地产权制度应该是"国有私营"。周天勇指出，把土地永久租赁给农民，这就实现了真正意义上的土地所有权。[④] 刘凤芹提出，现行土地制度的问题在于集体代理人，即村委会，应把村委会的土地权利归于国家，由国家负责土地的审批，把土地的使用、收益、流转等权利归给农民。[⑤] 邓大才依据中国特色社会主义制度的必然要求讨论土地归于国家的必然改革路径。[⑥] 这些研究学者认为农村土地国有化能够解决集体所有制下的一些弊端，如规模狭小、地块分割等，能够加快土地商品化和土地大规模经营的进程，促进中国农村剩余劳动力转移，进而在国家和农民之间形成一种公平的租赁关系，并有效保证国家的宏观调控。

农村土地私有化的主要论点是：家庭联产承包责任制下，农民实际占

---

① 张德元：《实行土地国有化赋予农民永佃权》，《经济管理文摘》2003 年第 2 期。
② 魏正果：《我国农业土地国管私用论》，《中国农村经济》1989 年第 5 期。
③ 杨勋：《国有私营：中国农村土地制度改革的现实选择——兼论农村改革的成就与趋势》，《中国农村经济》1989 年第 5 期。
④ 周天勇：《农村土地制度改革的模式比较和方案选择》，《山东经济战略研究》2004 年第 10 期。
⑤ 刘凤芹：《农村土地产权的归属、保护与政策建议》，《江苏社会科学》2004 年第 4 期。
⑥ 邓大才：《试论土地使用权买断经营——农村土地制度改革的一条思路》，《湖北社会科学》1997 年第 6 期。

有土地，集体应当放弃对土地的所有权。土地私有化使产权更加明晰，大大满足了农民"耕者有其田"的愿望，确保农民对土地拥有排它性的产权，加快了土地的流动性，进而能够促进农村剩余劳动力的转移，加快城市化进程等。杨小凯认为，现阶段土地制度的最主要问题是农民未完全获取土地财产权，需要实施彻底的私有化。杨小凯更详细地提出土地私有化的两个主要特点是无限期可继承的所有权和自由交易租赁权。[①] 蔡继明从土地私有的必要性、可行性和私有化的绩效论证了农地私有化政策。[②] 杨一介指出私有化的可行性也是一个没有得到证实或证实错误的伪命题，缺少大量的农村人口转移出来，私有化的效率会很低下。[③]

混合所有制是指所有权归于国家，使用权、收益权、转让权归于农民的国家与农民混合所有的农村土地制度。这一产权制度的改革思路明确了国家对土地所有者的权利，与社会主义条件下生产资料公有制的前提一致，同时农民又完全拥有了农业的生产经营权，土地的转让在国家基础上由市场主导完成。此外，这一产权制度改革能够在维护国家、地方和农民权益的前提下，更进一步发挥市场机制的作用，使农村土地资源更加有效地配置。罗红云提出，应建立国家与农民对土地的混合所有制改革思路。[④] 巫继学指出，土地混合所有制是"新土改"的最佳选择。[⑤]

还有一种观点，是在现阶段农村土地集体所有制不变的前提下，主要进行农村土地使用权流转制度的创新，尽可能地完善家庭联产承包责任

① 杨小凯：《中国改革面临的深层问题——关于土地制度改革——杨小凯、江濡山谈话录》，《战略与管理》2002 年第 5 期。
② 蔡继明：《关于当前土地制度改革的争论》，《河北经贸大学学报》2015 年第 2 期。
③ 杨一介：《中国农地权基本问题》，中国海关出版社 2003 年版，第 380 页。
④ 罗红云：《中国农村集体经济组织发展路径探讨——基于对 8 省 292 户农民的调查》，《新疆财经大学学报》2012 年第 4 期。
⑤ 巫继学：《土地混合所有制："新土改"的最佳选择》，《贵州财经学院学报》2009 年第 1 期。

制。有学者认为，目前最需要做的是在保持土地集体所有制的基础上，进一步完善农村土地家庭承包经营制度，不断厘清土地产权，而不是废止这种权利。王裕雄和林岗认为，坚持现有的制度可以避免土地兼并现象的出现；中国是城乡二元结构，城市居民没有土地，农民从出生就有土地，效仿西方私有土地制度会影响社会的稳定，给经济带来巨大的打击。① 迟福林进一步提出长期保持家庭联产承包责任制的稳定，同时赋予农民土地使用权，从而稳步地过渡到土地使用权的长期化阶段。②③ 王安春认识到，从农村土地产权制度改革提出的各种方案和建议来看，理论学界的各种观点都有一定的优点，同时也有一定的局限性。因此，王安春提出各地政府应该认可地方上的制度创新，学者们在研究农村土地改革时也可以尝试不同的创新方法。④

第四节　研究思路和研究方法

一、研究内容概述

本书将农地产权制度置于"乡村振兴"的宏大格局下，研究了河南

---

① 王裕雄、林岗：《对当前中国农地制度改革争议中几个核心判断的验证——基于东亚先发经济体的经验证据》，《青海社会科学》2013年第2期。
② 迟福林：《家庭经营也能实现农业现代化》，《经济参考报》2001年9月24日。
③ 迟福林、王景新、唐涛：《赋予农民长期而有保障的土地使用权》，《中国农村经济》1999年第3期。
④ 王安春：《农村土地流转的必然性及流转方式初探》，《改革与战略》2010年第10期。

省农地产权制度创新的历史逻辑、动力机制与激励政策。在乡村振兴背景下，农地产权制度改革应该以史为鉴，分析不同历史时期的农地产权制度背后的逻辑关系可以更精准地把脉现今农地产权配置方式，厘清农地产权制度运行存在的问题，便于在乡村振兴战略背景下为盘活农村资源有的放矢，服务现在，开创未来。

第二章研究了乡村振兴时代要求及农地产权制度创新内涵。乡村振兴战略的实施有利于推动农业发展、优化城乡间生产要素合理流动。推进经济高质量发展，促进区域协调发展，扎实推进社会主义现代化进程，需要乡村振兴战略的助力。全面推进乡村振兴是实现"两个一百年"奋斗目标和中华民族伟大复兴的必然要求。新时代乡村振兴要破解困境，稳定农产品供给，巩固脱贫攻坚成果，健全乡村治理体系。

第三章研究了农地产权制度的创新发展及案例分析，梳理了改革开放前农地产权制度变迁历程，针对当前农地产权制度现状，列举了土地流转的典型模式与案例，并对其进行分析比较。

第四、第五章以河南省尉氏县为例，研究了我国两权分置以及三权分置的农地产权制度改革历程。第四章探究了家庭联产承包责任制的普及与演进特征，将第一轮土地承包期再延长 30 年后，土地家庭承包经营权内容完整化、期限长久化与物权化，维护了农民权益。第五章研究了三权分置农地产权制度的探索，三权分置要维护所有权、保障承包权、放活经营权，不断探索三权分置运行机制，从实践案例中优化与创新产权制度。

第六章研究了新时代持续推进农地产权制度变革的创新选择。在三权分置的农地产权制度下存在土地产权归属模糊、土地流转不畅、农地征用制度存在缺陷等问题，有待进一步改进与优化。土地产权制度变革要推动

发展理念创新、运行环境创新，通过明晰产权、完善权能，积极探索有效
实现形式，助力乡村振兴发展。

二、研究时段选取与分期理由

农村土地产权制度的变迁是一个制度被另一个制度替代、转换和交换
的过程。中国农村土地制度变迁的历史研究是研究土地制度变迁的前提。
学者们主要从所有权和经营权变化、产权、效率与公平兼顾、农业剩余、
唯物史观、史学等视角展开论述。[①] 本书以产权视域下中国农村土地制度
变迁的历史过程为研究方向。总结来说，中华人民共和国成立以来，中国
农村土地产权制度历经土地改革时期的农民土地私有制、农村集体所有
制，到在集体所有基础上的家庭联产承包责任制的土地所有权与经营承包
权两权分置，再到目前的三权分置。

1. 两权分置（1982~2013 年）

1983 年，中国开始实行统一经营与分散经营相结合、以家庭承包为
主要形式的联产承包责任制。在此情况下，农地产权属性因为生产方式变
革而出现细化，农地的集体所有权与农户承包经营权开始发生分离，其中
土地所有权归集体所有，土地承包经营权归于农民。

2. 三权分置（2014 年至今）

随着中国城市化进程的加快和农村经济的发展，土地使用的需求更加
多元化，农地产权制度需要满足不同主体的需求。三权分置的农地产权制
度将土地的所有权、承包权和经营权分别划分给不同的主体，实现产权的

---

① 罗红云：《中国农村土地制度研究（1949~2008）》，上海财经大学出版社 2012 年版，第
180 页。

分权化和多元化，这一时期土地产权出现所有权、承包权与经营权三权分置的情况。由于农民流动、土地流转的需要，农地产权属性被进一步细化，承包经营权被进一步分割。

三、研究思路

回顾历史，展望未来，加强对以前的实践活动的重新审视，通过对过去的实践活动进行归纳，以更好地服务于未来的实践发展需求。本书以豫东平原河南省尉氏县为研究对象，该研究区域总面积 1307 平方千米，辖17 个乡镇，2 个工业园区，516 个行政村，总人口 86 万，其中农业人口 78 万，耕地面积 873 平方千米。对该县 1949 年以来的农村土地产权以及产权制度开展多层次的研究，意在为尉氏县及全国的农村土地制度改革以及创新提供具有针对性和实践性的政策建议。

本书认为制度创新出现的原因，在于制度的内部环境发生了一些变化，当前的制度使得一些潜在的利益受阻，各集团为了获取一些利润会运用一些降低交易费用的创新活动。因为不同利益集团目标和效用函数存在差异，为了降低交易费用的活动势必会造成各个集团之间的博弈，最终制度创新的实现在于各利益集团间的博弈情况。

本书从农村土地制度问题入手，阐述了制度的内涵、功能和重要性，分析了农村土地制度之于经济社会发展的意义，特别研究了作为社会发展推动力和必然趋势的分工与制度的关系，并由此引出产权权能随分工、社会、科技和人的认识的发展而不断发展。本书随后的内容都是围绕产权的发展、分解、重新组合与制度形成、变迁这一思路来展开的，并运用该思路分析了中华人民共和国成立以来农村土地制度的发展、演变，从而得出中国现行农村土地制度中存在的不足和缺陷，最终提出三权分置是中国农村土地制度改革的必然方向。

四、研究方法

关于农村土地产权制度的研究不仅指土地本身，也涵盖了多个区域发展，涉及政治、历史、经济、法律、社会、管理等多个方面。从学术研究角度出发，若只应用其中一个理论对土地产权制度尽心分析和研究，获取的研究价值也很有局限性，不能涉及问题的方方面面。本书主要运用历史考察的方法对尉氏县农村土地产权的演变开展研究，对尉氏县发展中的过程、动力、经验、优势、前景等因素进行分析，并运用和借鉴经济学、法学和社会学等多个学科以及交叉学科的理论和方法对其演变过程中的规律进行研究，力求达到研究的系统、完整、创新。

本书主要采用的研究方法有以下几种：

一是历史分析的方法。以时间为主线，分析中华人民共和国成立后河南省尉氏县农村土地产权制度变迁的历程，总结中国农村土地产权制度变迁的特征。

二是实证研究与理论阐述相结合的方法。本书以具体问题具体分析为原则，通过广泛收集与客观事实相关的资料、数据，研究尉氏县的农地产权问题。在实证分析的基础上，结合目前尉氏县农地产权问题的一般表现，深入剖析尉氏县的农地产权困境的根源，把事实材料的分析与理论的升华结合起来，为尉氏县的农地产权困境问题提供比较有说服力的阐释。

三是现代经济学的研究方法，特别是制度变迁理论及产权分析法。从理论、历史和统计三位一体进行学理性分析，既有内在逻辑的理论分析，也有历史视角的比较分析，以及通过数据统计的实证计量对尉氏县的农地产权问题进行分析检验和考察。

第五节 本书的创新与不足

一、本书的创新

本书是以河南省尉氏县为考察对象的一项区域个案研究，其最大的创新点在于"材料新"，研究结论与理论研究相比更具现实说服力。因此，创新之处主要有以下几个方面：

1. 研究视角创新

本书充分利用中华人民共和国成立后尉氏县档案局保存较为完整的档案及资料，对尉氏县 1949 年以来农村土地产权制度的演变过程进行了分阶段的梳理分析，详细地探讨了不同阶段农村土地产权变迁的影响因素、特征以及对社会的影响，得出了对于评估与分析中国今后的农村土地产权制度改革颇具借鉴意义的研究结论，为未来一段时期中国农地制度改革寻找可能路径。本书通过对河南省尉氏县农地产权制度创新的案例分析，基于乡村振兴的背景，研究了农地产权制度变革对于提升乡村治理能力、提高农村经济发展效率与活力的效果，符合新时代乡村振兴与经济高质量发展的宏观大局。

2. 尝试理论拓展与创新补充

本书通过从制度变迁理论角度分析中华人民共和国成立之后土地制度变迁过程中几次土地制度变迁的动力、原因及类型，发现中华人民共和国农村土地制度变迁是在利益激励下进行的强制性制度变迁。中华人民共和国土地制度变迁最根本的推动力还是遵循生产关系一定要适应生产力的发展要求的基本原理，由不同阶段生产力水平决定土地制度的变迁等。在已有产权理论研究基础上，本书尝试为新时代农地产权制度提供创新性理论解释。

3. 内容与结构创新

本书以中华人民共和国成立以来农地产权制度演化历史为主线，以河南省尉氏县农地产权制度创新为研究对象，通过河南省尉氏县土地流转的案例分析，研究了中国农地产权制度的演变与创新发展。基于河南省尉氏县翔实史料梳理，总结出农村土地制度演化变迁四个阶段，即两权合于农民、两权合于集体、两权分置、三权分置探索。在分阶段史料梳理阐释基础上，结合新时代农村土地制度新特征提出"三权分置"农地产权制度改革方向，在此基础上进行了产权制度创新设计。在乡村振兴的背景下探究中国政府推进农地产权制度改革的历史逻辑，中国在农地产权制度演进中逐步建立了土地市场化机制，完善了土地承包制度，通过土地拍卖、土地租赁等方式，实现了土地资源的高效配置，推动了城乡土地的统一流转，提高了土地利用效率，对于促进农民增收与推进乡村振兴发展具有重要意义。

4. 研究结论创新

中华人民共和国成立后，对于农村土地产权制度的不断探索，既是对社会主义公有制的巩固，也是对农村基本经营制度的完善。从社会主义改造到人民公社，再到党的十一届三中全会之后的社会主义市场经济体制改革，合理利用农村集体成员所拥有的资源禀赋，以合作与联合等形式实现共同发展，是社会主义制度发展与完善的必经之路，也是我国社会主义市场经济关于农村土地产权制度方面的不断发展。三权分置符合我国当下的现实国情，是深化农村土地产权制度改革、探索农村土地集体所有制有效形式的现实形式，对于农村经济发展具有重要的意义，同时，也为城乡一体化发展提供了新的契机。农村土地产权制度变革，既能调动个人积极性，又能发展农村集体经济，对于坚持中国特色社会主义道路，完善农村基本经济制度，引领农民逐步致富，实现共同富裕，具有深远历史意义。

二、本书的不足

受条件限制，在进行案例分析时，选取了尉氏县这一典型案例，样本具有一定的代表性，也能揭示现阶段中国农地制度改革的内涵，但是资料来源的广泛性和代表性都受到一定限制，这种限制会影响研究的深度。土地产权制度创新涉及方方面面的利益，是一个复杂的过程。由于笔者实践经验和理论认识能力的局限，对问题的认知和分析难免有不全面、不到位的地方，会在一定程度上影响论点的严谨性。

第二章 乡村振兴时代要求及农地产权制度创新内涵

农村土地的产权制度及其变迁服务于国家现代化发展战略。土地是农民最重要的生存资料和财产，土地产权制度的变化不仅事关农民、农业、农村的发展，而且事关治理绩效与乡村稳定。乡村振兴重大战略是推进经济高质量发展的必由之路，对于实现中国经济的平衡和可持续发展，促进农业现代化，在农村地区创造就业机会和增加收入，以及保护农村文化和遗产具有重要意义。无论是乡村振兴产业发展、农民富裕，还是有效治理等，都需要对农村土地产权制度做出适应城市化、市场化和城乡融合发展的变革，以赋予农民更充分的发展权和选择权。而农地产权制度创新将给农村社会发展带来第三次"动能转换"，助力乡村振兴。

第一节 乡村振兴战略实施的必要性

中国是一个农业文明历史悠久的国度，农业、农民、农村是国之根本。党的十九大报告提出实施乡村振兴战略，并明确了"产业兴旺、生态宜居、乡风文明、治理有效、生活富裕"的总要求，乡村振兴战略是要实现城乡功能互补、联动发展、有机融合。乡村振兴是以促进农业农村现代化为核心，全面推进城乡发展一体化，实现城乡共同繁荣的一项战略。我国明确提出实施乡村振兴战略的目标任务是：到2035年，乡村振兴取得决定性进展，农业农村现代化基本实现；到2050年，乡村全面振兴，农业强、农村美、农民富全面实现。乡村振兴战略的提出在推动农业发展、构建人与自然和谐共生的发展格局、打造共建共治的社会治理模式等方面都具有重大的现实意义和战略意义，推进经济高质量发展，扎实推进社会主义现代化进程需要乡村振兴战略的助力。

一、乡村振兴战略是经济高质量发展的需要

乡村振兴是党和国家在新时代制定的农村发展战略，为实现这一战略目标，党和国家制定了"农业农村优先发展"的方针，其目的是要实现农业强、农民富、农村美，即全面实现农村现代化，助力经济的高质量发展。实施乡村振兴战略的着力点在于统筹推进农村经济、政治、文化、社会、生态文明建设，从而有效破解农业农村发展不平衡不充分问题，满足农村居民日益广泛的美好生活需要。尽管我国已经步入中等收入国家行列，但农业在国民经济中的基础地位没有变，农村居民是最值得关怀的最大群体没有变，乡村是全面建成小康社会的关键没有变，"三农"问题依然是经济社会全面发展最明显的短板和薄弱环节。乡村振兴发展就是要全方位夯实粮食安全根基，为强化农业科技和装备提供支撑，确保中国人的饭碗牢牢端在自己手中，为经济的稳定发展提供基础与保障。农村是中国

人口和生产资料的重要来源，经济的高质量发展需要以农村地区经济发展转型为突破口，通过提高农村地区经济发展水平，增加农村经济发展效率与潜力助力经济发展。经济高质量发展需要加快乡村振兴战略步伐，完善农业基础设施建设，扎实推动乡村产业建设、发展乡村特色产业、构建多元化产业发展体系，为拓宽农民增收致富渠道奠定扎实基础。乡村振兴战略促进了农村生产要素的帕累托改进，农村的发展和农民的脱贫致富是实现全面建设社会主义现代化国家的重要基础和前提。实施乡村振兴战略是解决新时代我国社会主要矛盾的必然要求和迫切需要，是推进经济高质量发展的迫切需求。

二、乡村振兴战略是城乡一体化和区域协调发展的需要

习近平总书记强调："要推进城乡区域协调发展，全面实施乡村振兴战略，实现巩固拓展脱贫攻坚成果同乡村振兴有效衔接。"改革开放以来，经济飞速发展的同时也存在着城乡收入差距扩大与区域经济发展不均衡的隐患。当前，我国城乡发展并不均衡，乡村地区没能较好地发挥功能优势实现资源的优化配置，没能实现城乡协调发展的空间布局，区域整体效益不高，城乡差距和地区发展不平衡问题已经成为影响中国经济发展的重要瓶颈。"三农"问题中突出的矛盾是城乡居民收入和支出差距比较大，乡村区域之间发展不平衡，差距较大，即使是同一区域，村庄之间的差异也较大。现阶段我国城乡居民收入和支出的差距仍然较大，加之城乡公共基础设施差别很大，导致我国并没有出现较为明显的逆城镇化现象。乡村振兴战略是推进城乡一体化发展与促进区域协调发展的重要举措。中国式现代化是全体人民共同富裕的现代化。共同富裕是中国特色社会主义

的本质要求，也是一个长期的历史过程，我们要着力促进全体人民共同富裕，兼顾"效率"与"公平"，坚决防止两极分化的格局形成。全面建设社会主义现代化国家需要促进区域经济协调发展，优化重大生产力分布格局，构建优势互补、高质量发展的区域经济布局和国土空间体系。为此，我国需要推动西部大开发形成新格局，推动东北全面振兴取得新突破，促进中部地区加快崛起，鼓励东部地区加快推进现代化。乡村振兴战略是促进城乡融合发展和促进区域协调发展的重要手段，乡村振兴战略推动了城乡融合发展，畅通了城乡生产要素流动，有利于巩固和完善脱贫攻坚成果，增强脱贫地区和脱贫群众内生发展动力，统筹经济协调发展，促进经济高质量发展与建设社会主义现代化国家。

三、乡村振兴战略是实现全面深化改革的需要

只有坚持深化改革开放，深入推进改革创新发展，着力破解深层次体制机制障碍等问题才能不断彰显出中国特色社会主义的制度优势，不断增强社会主义现代化建设的动力和活力，把我国制度优势更好地转化为国家治理效能。当前，中国经济和社会进入了一个新的历史阶段，在新时代下，中国的全面深化改革面临着很多结构性和深层次的问题，农村地区的改革也需要进一步的创新发展，我们需要从农村经济发展中总结经验，以点带面，因地制宜地在乡村振兴发展过程中解决全面深化改革中遇到的难题。全面深化改革要重视农村地区的变革，当前农村地区还有较大的深化改革"潜力"，要推进农村治理体系与治理能力的不断完善。乡村治理的改革经验为国家治理体系和治理能力现代化提供经验，为全面深化改革提供指引。随着经济社会的发展和进步，我国已经拥有了相对完善的乡村公

共管理体系，但城乡基层治理遇到了一些新问题，推进乡村振兴发展有利于解决乡村治理中出现的问题，为全面深化改革提供借鉴。推进乡村振兴战略需要改革创新和制度创新的支持，为中国未来的发展提供源源不断的动力，推进全面深化改革不断发展优化。

第二节　乡村振兴战略的发展脉络

笔者认为，乡村振兴战略虽然是在党的十九大才明确提出的，但是中共中央对于乡村振兴战略的推进有一个探索和发展过程，是对新时代党的"三农"工作理论与实践的系统阐释与表达，其逻辑起点应该从党的十八大开始。

一、乡村振兴的初步探索：农业强、农村美、农民富

新阶段以来，我国"三农"工作成绩斐然，粮食产量连续增长，农民生活逐年改善，但是农业农村的短板效应依然明显，农村基础设施供给不足和公共服务落后等问题依旧存在，农村的结构性矛盾有待解决。因此，习近平总书记在 2013 年中央农村工作会议上提出"小康不小康，关键看老乡"，强调"中国要强，农业必须强；中国要美，农村必须美；中国要富，农民必须富"，以此作为新时代乡村振兴的初步探索，切实把"三农"工作抓牢抓好。

"中国要强，农业必须强"的科学判断是新时代探索农业现代化的逻

辑起点。现代化强国必须要有现代化农业做支撑，强国必须要有强大的粮食生产能力，保障粮食安全，要加快转变农业发展方式，推进农业现代化，把中国人的饭碗牢牢端在自己手中。创新农业经营体系是农业现代化的重要手段，我国要加快构建新型农业经营体系，通过创新农业经营体系来推进农业现代化。同时，我国转变农业发展方式是农业现代化的关键环节，要根据市场需求和资源禀赋来调整农业的产业结构，加快转变农业发展方式。我国粮食稳定地实现了基本自给，产需缺口不断减小，新型农业经营体系逐渐形成，农业现代化有序推进。

"中国要美，农村必须美"的科学判断是新时代探索农村现代化的逻辑起点。美丽中国必须要有美丽农村做支撑。美丽乡村是现代化的鲜亮底色，农村现代化不是城镇化的简单套用，不仅要保护好农村独特的生态优势，还要保留好农村独特的乡土味道，使农村的乡情美景更加令人心驰神往。农村现代化的重要体现是城乡基础设施和公共服务的均等化，我国要推动城镇基础设施向农村延伸，城镇公共服务向农村覆盖，逐步推进城乡基础设施和公共服务的均等化。同时，城乡发展一体化是推进农村现代化的关键举措。从发展规划入手，坚持"一体设计，多规合一"的理念，可以从源头解决城乡基础设施和公共服务的差距问题。这期间，新农村建设持续升级，农村的基础设施和公共服务得到了显著改善，农村的现代化水平明显提升。

"中国要富，农民必须富"的科学判断是新时代探索农民生活富裕的逻辑起点。"把农村贫困人口脱贫作为全面建成小康社会的基本标志"，这是我们党做出的庄严承诺。我国要建立促进农民增收的长效机制，提高居民收入水平与居民幸福感，通过发展现代高效农业、引导劳动力转移就业和加大农业补贴力度等方式建立促进农民增收的长效机制，让农民的钱袋子鼓起来，促进农村居民的收入水平提高，增强居民幸福感。在保障困难群众的基本生活之外，教育才是解决贫困问题的根本举措，要提高居民受教育水平，增加人力资本投资。这期间，农村居民收入水平显著提升，农村居民生活富裕，幸福感得到提升，建立起了农民增收的长效机制，贫困人口帮扶得到深入实施，农民生活得到显著改善。

二、乡村振兴的奠基之举：坚决打赢脱贫攻坚战

消除贫困不仅是中国共产党人的初心使命，而且是社会主义本质的应有之义。农村贫困人口全部脱贫是全面建成小康社会的标志，进而拉开了脱贫攻坚战的大幕。全党全国全社会齐心协力，取得了脱贫攻坚的全面胜利。同时也应看到，"脱贫摘帽不是终点，而是新生活、新奋斗的起点"。"坚决打赢脱贫攻坚战"为接续推进乡村振兴奠定了坚实的物质基础，而且给予了强大的精神动力和坚强的组织保障。

"坚决打赢脱贫攻坚战"为实施乡村振兴战略奠定了坚实的物质基础。打赢脱贫攻坚战实现了脱贫群众"两不愁三保障"，这意味着中国消除了绝对贫困，因而可以梯次推进全面小康和共同富裕。在脱贫攻坚中脱贫地区的基础设施建设取得了较大进展，集中各种资源建设贫困地区的"水、电、路、气、网"等基础设施，历史性地解决了脱贫地区的基础设施难题。同时，脱贫地区的社会事业发展取得历史性进步，义务教育和基础医疗基本做到了全覆盖。

"坚决打赢脱贫攻坚战"为实施乡村振兴战略给予了强大的精神动力。在打赢脱贫攻坚战过程中脱贫群众的信心更加坚定，习近平总书记指

出，"脱贫群众精神风貌焕然一新，增添了自立自强的信心勇气"，以坚定的信心推进全面建设小康社会。强化东西部协作，开展结对帮扶，利用产业帮扶、科技帮扶、教育帮扶和文化帮扶等措施帮助贫困群众摆脱贫困，在中国共产党的坚强领导下，脱贫群众脱贫致富的方法路子越来越多，底气越来越足，脱贫群众的基本生活得到了切实地保障，面对美好生活的向往不再是畏手畏脚，而是敢想敢做，心气更足。

"坚决打赢脱贫攻坚战"为实施乡村振兴战略提供了坚强的组织保障。在打赢脱贫攻坚战中要充分发挥基层党组织的战斗堡垒作用。基层党组织要充分发挥带头引领作用，把贫困群众组织起来，团结带领贫困群众脱贫致富。脱贫攻坚战的圆满收官为农村积累了一定的集体资产，夯实了党在农村的执政根基。在打赢脱贫攻坚战中选派了永不断线的驻村工作队。为了坚决打赢脱贫攻坚战，国家选派了永不断线的驻村工作队，驻村工作队沉入一线，持续发力，与贫困群众结对子，带领大家脱贫致富、奔向美好生活。在打赢脱贫攻坚战中建立了五级书记一起抓的组织领导体系，建立中央统筹、省负总责、市县抓落实的工作机制，以五级书记一起抓来形成齐抓共管的大格局，为脱贫攻坚战保驾护航。

三、乡村振兴的顶层设计：构建"三农"工作的总抓手

党的十九大报告中正式提出实施乡村振兴战略。实施乡村振兴战略是基于我国社会主要矛盾的转化而做出的重大决策，也是脱贫攻坚战进入攻坚拔寨期，提前做好脱贫攻坚与乡村振兴有机衔接的重大抉择。从国际上看，随着人均 GDP 的不断提高，我国也面临着能否跨越中等收入陷阱、能否实现城乡融合发展的重大考验。实施乡村振兴战略是统筹工农关系和

城乡关系的关键一招，是我国跨越中等收入陷阱、实现城乡融合发展的重要路径。因此，乡村振兴战略的明确提出和正式出场，意味着党的"三农"工作重心即将从脱贫攻坚向全面推进乡村振兴逐步转变，意味着党的"三农"工作将找到"总抓手"、迈进新阶段。

农业农村现代化是实施乡村振兴战略的总目标。要着力解决以下突出问题：第一，破解农业现代化的"短腿"。为了解决好14亿人的吃饭问题，通过构建现代农业产业体系、生产体系和经营体系等，逐步推进农业现代化。第二，补齐农村现代化的"短板"。通过城乡基础设施的互联互通和构建城乡基本公共服务均等化的体制机制，逐渐推进农村现代化。第三，统筹推进农业现代化和农村现代化。"加快推进农业农村现代化"，把农业现代化和农村现代化作为了一个整体，这就要求坚持一体设计、齐头并进。

坚持农业农村优先发展是实施乡村振兴战略的总方针。坚持农业农村优先发展必须要从思想观念上真正重视。在"三农"工作的实践中存在"说起来重要、干起来次要、忙起来不要"的观念问题，所以必须要在思想观念上真正重视，把"三农"工作抓牢抓好。坚持农业农村优先发展必须要做到"四个优先"，必须要在资金投入、要素配置、公共服务和干部配备四个方面优先考虑农业农村发展，加大对农业农村的支持力度。坚持农业农村优先发展必须要落脚于补齐农业农村发展的短板。习近平总书记对于乡村振兴的顶层设计是基于我国社会主要矛盾的发展变化而提出的战略性谋划。

"产业兴旺、生态宜居、乡风文明、治理有效、生活富裕"是实施乡村振兴战略的总要求。"二十字"总要求在乡村振兴战略中的逻辑关系是：第一，"产业兴旺，是解决农村一切问题的前提"。乡村振兴的顶层设计对产业发展提出了更高的要求，既要深入挖掘农业本身的多功能性，也要合理布局农村一二三产业，实现三大产业协同发展，真正实现农业强的战略目标。第二，"生态宜居，是乡村振兴的内在要求"。乡村振兴的顶层设计不仅要求农村的外在整洁，而且更多地强调把生态理念融入到农村的生产方式和生活方式之中，实现"三生"融合发展，真正实现农村美的战略目标。第三，"乡风文明，是乡村振兴的紧迫任务"。乡村振兴的顶层设计要求以社会主义核心价值观为引领，对乡村优秀文化进行再生产，持续推进移风易俗，在新时代培育文明乡风。第四，"治理有效，是乡村振兴的重要保障"。乡村振兴的顶层设计要求通过构建"自治、法治和德治相结合"的现代治理体系和治理能力，从而确保农村居民自治有序、农村管理民主有序以及农村社会和谐有序。第五，"生活富裕，是乡村振兴的主要目的"。乡村振兴的顶层设计要求不断满足亿万农民对美好生活的向往，构建农民增收的长效机制。由此可见，乡村振兴是产业、人才、文化、生态和组织的全面振兴，是"五位一体"总布局在新时代"三农"工作中的具体体现。

四、乡村振兴的全面推进：民族要复兴，乡村必振兴

乡村振兴是着眼于"两个大局"所做出的重大战略部署，在"两个大局"中起到基本盘和压舱石的重要作用。实施乡村振兴战略是谋划中华民族伟大复兴战略全局的必要条件，是应对世界百年未有之大变局的关键一招。实施乡村振兴战略，补齐农业农村短板弱项，推动城乡协调发展是谋划中华民族伟大复兴战略全局的必要条件。实现中华民族伟大复兴，

必须建设好富强、民主、文明、和谐、美丽的社会主义现代化强国，农业农村现代化是建设社会主义现代化强国的重要支撑。第一，农业现代化是实现中华民族伟大复兴的必要条件。针对农业现代化的短板问题，"中国要强，农业必须强"，表明农业现代化是实现中华民族伟大复兴的必要条件。因此，必须要全面推进乡村振兴，加快推进农业现代化，助力中华民族的伟大复兴。第二，农村现代化是实现中华民族伟大复兴的必要支撑。针对农村现代化的短板问题，"中国要美，农村必须美"，表明农村现代化是实现美丽中国和中华民族伟大复兴的必要支撑。因此，必须要全面推进乡村振兴，加快推进农村现代化，助力中华民族的伟大复兴。第三，农民生活富裕是实现中华民族伟大复兴的必要保证。"中国要富，农民必须富"，表明了农民生活富裕是实现中华民族伟大复兴的必要保证。因此，必须要全面推进乡村振兴，持续推进农民的增收致富，为中华民族伟大复兴的顺利实现增势赋能。

实施乡村振兴战略，守好"三农"基础是主动应对世界百年未有之大变局的关键一招。世界百年未有之大变局下，大国战略博弈全面加剧，国际体系和国际秩序深度调整，要想避免陷入"修昔底德陷阱"和"中等收入陷阱"，就必须保障大国粮食安全，保持农村基本稳定。第一，稳住农业发展是应对大变局的"基本盘"。在习近平总书记关于乡村振兴重要论述的指导下，我国农业愈发高质高效，粮食种植面积和粮食产量稳步增长，使中国人的饭碗牢牢地端在自己的手上，有效地应对了国际粮食武器的阴谋论。以稳定的农业基本盘来主动应对世界百年未有之大变局。第二，维护农村发展是应对大变局的"压舱石"。在习近平总书记关于乡村振兴重要论述的指导下，农村基础设施得到显著改善，公共服务得到明显提升，农村愈发宜居宜业，为农民在农村的发展提供了基本保障，有力地维护了社会的和谐稳定。以稳定的农村发展来主动应对百年未有之大变局。第三，促进农民富裕富足是应对大变局的"动力源"。在习近平总书记关于乡村振兴重要论述的指导下，持续推进农民增收致富，农民愈发富裕富足，为建设社会主义现代化强国奠定了坚实的基础。以建设社会主义现代化强国的战略行动来主动应对百年未有之大变局。

第三节　乡村振兴发展中面临的困境

目前，全国处在巩固脱贫攻坚成果与乡村振兴有效衔接的过渡时期，正确认识脱贫攻坚与乡村振兴的差异，对于做好乡村振兴工作十分重要。脱贫攻坚针对的是特定绝对贫困群体和村落，而乡村振兴针对的是城乡发展不平衡、农村相对贫困的问题，更加强调整体推进，具有综合性、整体性、普惠性和持久性的特点。在实施乡村振兴战略过程中面临着一系列现实问题：农民主体性发挥不够，乡村建设人才匮乏，乡村治理多元主体未能有效协调，以及如何追寻渐行渐远的村落文化回归等无法回避的现实困境。

一、如何广泛调动亿万农民参与问题

全社会有共同的责任推进乡村振兴，各级党委政府是乡村振兴战略的领导者、推动者，也是助力者，但战略的主体是农民。实现 2050 年的农业强、农村美、农民富，需要尊重农民对于农村未来发展的想法、农民自我发展意识的觉醒和自我组织能力的提高，发挥农民的主体作用非常重要。乡村振兴战略一定要让亿万农民受益者参与进来，并积极推动乡村建设，这既是该战略的出发点也是归宿。那么，靠合理的机制或制度把农民组织起来就显得尤为重要。建立在农村土地集体所有制基础上的村集体组织能否解决这个问题呢？新中国成立后70年的农村社会治理，从个体农户到合作社、人民公社，实行"政社合一"的管理体制、家庭联产承包责任制以后，农村出现了短暂的"治理真空"，再到"乡政村治"体系的构建，明确村委会是基层群众自治组织的治理格局。尽管在不同历史时期乡村治理存在不同问题，但村集体组织还是为农村居民提供了生产、生活性公共服务。而今天随着我国户籍制度的松动，全国统一劳动力市场形成和城市化进程加速，大量的农村劳动力涌入城市，其生产生活都脱离了农村，相比之前相对封闭的村庄生态发生了非常大的变化。进城务工经商的农民原本靠乡村土地来提供家庭基本保障，现在对于这部分人而言土地基本上丧失了这个功能，那么，由土地制度链接起来的村集体组织还能否把农民组织起来？松散的村集体组织能否对接国家资源开展乡村建设？如果不能有效地将亿万农民组织起来，村集体组织既无法解决小生产与大市场的衔接，更无力承接国家乡村振兴战略公共资源的转移。这种情况下，靠什么将农民组织起来便成为乡村振兴战略落地面临的组织困境。

二、如何破解乡村建设人才匮乏问题

我国从事农业生产经营活动的从业者总体受教育年限较短，对农业科学技术的转化能力较弱，难以满足乡村振兴所需要的人力资源支持。城乡二元制结构下，城乡在资源、机会、教育、医疗、基础设施建设等方面的差距，加快了乡村资源和要素向城市流动的速度，城乡发展不均衡，人口流动失序也是导致农业发展能力不足、乡村日渐衰落的重要原因。乡村人口文化水平普遍偏低，劳动力资源总量减少，人才大量外流，乡村留守老人、留守妇女、留守儿童问题严重，"空心村"问题日益凸显。由于乡村基础设施不完善，基层工作环境差、待遇不高、晋升渠道和培养机制不完善等原因，外来人才也大都流失。总之，乡村地区人力资源本身总量不足，整体上文化程度不高，结构不合理，引入外来人才机制不完善，这样的人力资源现状远不能满足乡村振兴战略实施的人才需要，如何破解人才建设与培养问题是乡村振兴发展中面临的困境。

三、如何协调多元主体共同建设问题

乡村振兴战略"二十字"方针中，"治理有效"是实现乡村振兴的基础。在改革开放以及工业化、城镇化进程中，乡村地区在集体组织形式、人员流动等方面也发生了很大变化，伴随着这些新变化，乡村治理模式也面临着新挑战。乡村地区信息流不畅通、观念保守以及资源匮乏等原因，使得乡村地区自我发展和成长能力不足，客观上需要政府外力助推，通过资源输入，创造各种要素的流动机制来确保农业农村农民的稳定和发展；但政府构建的法理社会，其越位会产生挤出效应，弱化农村自身发展的原动力，且村民会产生"等、靠、要"的思想，导致农村发展对外依赖性越来越强，甚至在个别地方出现政府为规划乡村建设征地赔偿、村民坐地要价的现象，农村逐渐丧失自主能力和创造能力；而政府退出乡村治理后，社会公共事务又会出现"公地悲剧"现象，公共事务无人关心，农民个体抵御灾害能力差，且村庄共同体的经济功能失调，经济功能被各类新型经营主体替代，而且政府缺位乡村基层组织还容易被不良势力控制。所以，如何重构治理有效、和谐发展的乡村社会秩序，如何协调各方力量对乡村进行社会治理，是开展乡村振兴建设面临的治理困境。

四、如何传承与发展乡村文化问题

相对于产业和经济问题而言，乡土文化问题也不容小觑。在城镇化的强势诱导下，乡村优秀人才单向外流，大量具有乡土文化气息的农耕技术、民间艺术、传统习俗、技艺失传，由此造成乡村本土文化断层和塌陷。文化如何反哺乡土社会、赋能乡村振兴是一个重大课题。乡村文明承载着农耕文明的文化和底蕴，是农业文化保存的载体，它记录着人们共同的集体记忆，在现代化文明中扮演着文化和身份认同的重要角色。而在快速城镇化的进程中，大量村落正在消失。依附于村落多样化的乡村社会生态日趋瓦解，消失的村落背后是遗失的村落文化。没有了乡村文化，乡村就如同失去灵魂一般，实际上也就没有了真正意义上的乡村。文化振兴是乡村振兴的重要组成部分，在城镇化的发展过程中，乡村文化有待发掘，更需创新性的发展。同时，因乡村优秀人才外流，一些具有地方文化特色的民间艺术、传统习俗技艺等面临着失传的困境，乡村人才的流失是制约乡村文化振兴的关键瓶颈。我国现存的传统村落有着丰富的物质和非物质文化遗产，乡土文化的断裂几乎是不可修复的。面对村落凋敝、农民贫困的处境，让村民生出对家乡文化的认同与自信，继而利用本土资源寻求自我发展之路，正是乡村文化振兴的内在诉求。如何通过集体记忆的搜寻，使村民获得情感的归属，也是乡村振兴战略行动面临的文化困境。

第四节　新时代下乡村振兴的时代要求

党的二十大刻画了以中国式现代化全面推进中华民族伟大复兴的宏伟蓝图。全面建设社会主义现代化国家，最艰巨、最繁重的任务仍然在农村。新时代下，如何推进乡村振兴发展成为重要难题。党中央认为，必须坚持不懈把解决好"三农"问题作为全党工作重中之重，举全党全社会之力推进乡村振兴，加快农业农村现代化。强国必先强农，农强方能国强。要立足国情农情，体现中国特色，建设供给保障强、科技装备强、经营体系强、产业韧性强、竞争能力强的农业强国。

一、加强农业基础设施建设，稳定农产品供给

新时代下乡村振兴发展要求我国要加强农业基础设施建设，建设高标准农田。为应对自然灾害等因素的影响，进一步加强旱涝灾害防御体系建设和农业生产防灾救灾保障，我国要扎实推进重大水利工程建设，加快构建国家水网骨干网络，加快大中型灌区建设和现代化改造，通过实施一批中小型水库及引调水、抗旱备用水源等工程建设促进农业生产稳定，应对自然环境变化对农业生产的影响。同时，要进一步加强耕地保护和用途管控，要严格耕地占补平衡管理，实行部门联合开展补充耕地验收评定和"市县审核、省级复核、社会监督"机制，确保补充的耕地数量相等、质量相当、产能不降，严格控制耕地转为其他农用地，保护农业用地红线，

维护粮食生产稳定。乡村振兴发展需要提高农业科技含量，发展现代设施农业。农业生产中要强化农业科技和装备支撑，推动农业关键核心技术攻关。我国要坚持产业需求导向，构建梯次分明、分工协作、适度竞争的农业科技创新体系，加快前沿技术突破，将科技与农业生产进行有机结合，增加农业生产的科技水平，提高农业产量。

新时代下乡村振兴发展要全力抓好粮食生产，加强农业基础设施建设，稳定农产品供给。农业生产是人类生存发展的基础，是生产活动的前提，2023 年中央一号文件指出，我国要确保全国粮食产量保持在 1.3 万亿斤以上，各地区要维持耕地面积红线，增加粮食单产，全方位夯实粮食安全根基，健全"农民种粮挣钱得利、地方抓粮担责尽义"的机制保障。我国要继续提高小麦最低收购价，合理确定稻谷最低收购价，稳定稻谷补贴，完善农资保供稳价应对机制，健全主产区利益补偿机制，增加产粮大县奖励资金规模，逐步扩大稻谷小麦玉米完全成本保险和种植收入保险实施范围，通过各种政策激励来推进农产品供给稳定。

二、拓宽农民增收渠道，巩固脱贫攻坚成果

乡村振兴发展要求推动乡村产业升级。推动乡村产业升级对于提供就业机会，增加居民收入具有积极意义。农村地区面临着加工水平低、地区交通不便的问题，我国要做大做强农产品加工流通业，实施农产品加工业提升行动，支持家庭农场、农民合作社和中小微企业等发展农产品产地初加工，引导大型农业企业发展农产品精深加工，延长产业链并提高在产业链中的地位，引导农产品加工企业向产地下沉、向园区集中，在粮食和重要农产品主产区统筹布局建设农产品加工产业园。乡村振兴发展中要因地

制宜实施"一县一业"强县富民工程，根据自身特色发展相应产业，引导劳动密集型产业向中西部地区、向县域梯度转移，支持大中城市在周边县域布局关联产业和配套企业，提高乡村产业质量，提供更多的就业机会，拓宽农民增收致富渠道，促进农民就业增收。

乡村振兴发展要注重拓宽农民增收渠道，巩固拓展脱贫攻坚成果。政府要保障各项惠民政策的落实，在政策制定中要加大对中小微企业与贫困居民的扶持力度，促进农民工职业技能提升，稳定农民工就业质量。我国要完善农民工工资支付监测预警机制，维护农民工相关权益，加快完善灵活就业人员权益保障制度，使政策能够真正普惠于民。在政府投资重点工程和农业农村基础设施建设项目中推广以工代赈，适当提高劳务报酬发放比例，促进农业经营增效与居民增收。政府要支持农业合作化，鼓励土地流转，发挥规模效益，引导土地经营权有序流转，发展农业适度规模经营，总结地方"小田并大田"等经验，探索在农民自愿前提下，结合农田建设、土地整治逐步解决细碎化问题。完善社会资本投资农业农村指引，加强资本下乡引入、使用、退出的全过程监管。在乡村振兴发展中要赋予农民更加充分的财产权益。深化农村土地制度改革，扎实搞好确权，稳步推进赋权，有序实现活权，让农民更多分享改革红利。乡村振兴发展中要巩固拓展脱贫攻坚成果，坚决守住不发生规模性返贫底线。脱贫摘帽不是终点，而是新生活、新奋斗的起点。打赢脱贫攻坚战、全面建成小康社会后，要在巩固拓展脱贫攻坚成果的基础上，做好乡村振兴这篇大文章，接续推进脱贫地区发展和群众生活改善。政府要加强对于脱贫攻坚责任制的落实，对脱贫不稳定户、边缘易致贫户开展定期检查、动态管理，重点监测其收入支出状况。健全分层分类的社会救助体系，做好兜底保障，对有劳动能力、有意愿的监测户，落实开发式帮扶措施。我国要增强脱贫地区和脱贫群众内生发展动力，把增加脱贫群众收入作为根本要求，把促进脱贫县加快发展作为主攻方向，更加注重扶志扶智，聚焦产业就业，不断缩小收入差距、发展差距，重点支持补上技术、设施、营销等短板。我们要更加紧密地团结在以习近平同志为核心的党中央周围，乘势而上、埋头苦干，巩固拓展脱贫攻坚成果，全面推进乡村振兴，朝着全面建设社会主义现代化国家、实现第二个百年奋斗目标迈进。

三、扎实推进乡村建设，健全乡村治理体系

乡村建设是实施乡村振兴战略的重要任务，也是国家现代化建设的重要内容。我国农村基础设施和公共服务体系还不健全，部分领域还存在一些突出短板和薄弱环节，与农民群众日益增长的美好生活需要还有差距。新时代下乡村振兴发展要求进一步扎实推进乡村建设，健全乡村治理体系。乡村振兴发展中要加强乡村规划建设管理，坚持县域统筹。坚持县域规划建设一盘棋，明确村庄布局分类，细化分类标准。合理划定各类空间管控边界，优化布局乡村生活空间，因地制宜界定乡村建设规划范围，严格保护农业生产空间和乡村生态空间。我国要提升基本公共服务能力，必须推动基本公共服务资源下沉，着力加强薄弱环节建设。

健全党组织领导的乡村治理体系，强化农村基层党组织政治功能和组织功能。乡村治理体系是国家治理体系的基础，是推进国家治理体系和治理能力现代化的重要基石。维护农村社会和谐稳定，是推动农业农村经济发展和促进农民生活富裕富足的重要前提。与传统自上而下的刚性管理不同，乡村柔性治理主要是指党组织、政府、社会组织和公众等多元治理主

体，秉持以人为本、平等互信、公平正义等基本理念，采取理性沟通、文教宣传、友好合作、协同共治等非强制性手段，共同应对处理乡村日常生活中的公共事务的一种新型治理方式。全面推进乡村振兴，重点工作是协调好社会组织的作用，强化基层创新，推动乡村柔性治理。乡村柔性治理要求调动多元治理主体参与公共事务的积极性，健全党组织领导的自治、法治、德治相结合的乡村治理体系，建设充满活力、风清气正、和谐稳定的善治乡村。新时代下乡村振兴发展要完善农民参与乡村建设机制。我国要健全党组织领导的村民自治机制，充分发挥村民委员会、村务监督委员会、集体经济组织作用，坚持和完善"四议两公开"制度，依托村民会议、村民代表会议、村民议事会、村民理事会、村民监事会等，引导农民全程参与乡村建设，保障农民的知情权、参与权、监督权。在项目谋划环节，加强农民培训和指导，组织农民议事，激发农民主动参与意愿，保障农民参与决策。

第五节　农地产权制度与乡村振兴的辩证关系

农村土地既是重要的自然资源，又是重要的生产要素，具有巨大的市场价值和发展潜力。充分利用好、发挥好农村土地的功能作用，充分释放农村土地的市场价值，对乡村振兴至关重要。而要利用好、发挥好农村土地的功能作用，就要与时俱进地深化农地产权制度改革，推进农地产权制度创新，深入了解农地产权制度与乡村振兴发展的关系对于推进乡村振兴战略具有重要意义。

一、中国独具特色的土地制度

中国土地制度是在所有权与使用权分离基础上的土地制度。在社会主义公有制下，中国的土地不得以非法手段买卖或转让。中国实行的是土地国有制和土地集体所有制并存的土地制度，城市土地等自然资源所有权归国家，而农村土地所有权归集体。在家庭联产承包责任制基础上，农民土地所有权与使用权相分离，土地所有权归集体所有，而农民拥有对于土地的使用权，农民依法拥有对于土地的占有、使用及取得收益和转让、出租、抵押其土地使用权的权利，国家通过完善法律法规来保护农民土地产权，维护农民的经营性收入，提高居民收入水平。

中国土地制度是以保护耕地、管制用途为核心的土地制度。中国幅员辽阔、人口众多，但是随着城市化进程的加快，人地矛盾愈演愈烈，我国始终坚持维护粮食安全，把饭碗牢牢端在自己的手中。我国一直把保护农民耕地放在乡村振兴的重要位置，在发展中始终遵循完善耕地保护制度，通过编制土地利用总体规划、划定土地用途区、确定土地使用限制条件，严格限制农用地特别是耕地转为建设用地。在经济发展中统筹县域规划建设，合理划定土地管控边界，保护农业用地，牢牢守住 18 亿亩耕地红线。

中国土地资源配置方式是政府主导、市场机制为主。中国土地资源配置制度包括以下内容：第一，国有土地实行划拨供应和有偿使用的双轨制。第二，经营性土地实行政府独家垄断下的市场配置。工业、商业、旅游、娱乐、商品住宅等经营性用地以及同一土地有两个以上意向用地者的，采取招标、拍卖、挂牌公开竞价的方式出让。第三，国有土地使用权人可以依法租赁、作价出资（入股）、转让、抵押土地。

中国土地制度是以集中统一管理为主的土地制度。目前形成了对土地相对集中管理、自上而下监督的土地统一管理模式，即国务院国土资源行政主管部门统一负责全国土地的管理和监督工作，实行国家、省、市、县四级管理，在领导班子管理体制上，实行中央与省双层管理、省级以下垂直管理的体制。

二、农地产权制度与乡村振兴的辩证关系

新时期中国农村土地制度改革围绕确权与流动的改革脉络前进，通过明晰产权、确定地权，稳定农户预期，创造了要素流通与产权交易的制度条件。稳定地权、明晰产权可以充分发挥农村土地制度改革的多功能效应。

（一）农地产权制度改革：乡村振兴的"补短板"效应

农村发展不充分问题是制约中国社会经济发展的重要因素，但是也意味着在相当长一段时期内农村可成为社会经济的重要发展空间与动力源泉。当前，中国农村在人口、土地、产业等层面均存在明显短板。农地产权制度改革通过释放土地要素活力，优化土地利用结构，实现土地资源的优化配置，同时以土地要素为载体，实现对乡村生产、生活、生态空间的重构，促进乡村转型发展。土地要素的再配置与人口要素的优化重组相伴相生。农村劳动力转移就业、农村人口市民化与农户土地权益变更也紧密联系。保障农户的土地权益有利于促进农村人口的转移就业，缓解农村的人地矛盾，引导新型农业经营主体进入与农村精英回流，实现农村发展主

体的再充实。土地与人口要素的活化，将进一步激发乡村发展的内生动力，优化乡村振兴内生系统，为产业发展提供要素供给、禀赋支撑与制度支持，实现农村产业的结构转变与融合发展。土地是乡村发展的重要要素与空间载体，农村土地制度改革通过调整包括土地产权在内的生产关系，发挥制度激励作用，以土地要素为突破口，重组乡村发展核心要素，优化要素结构，实现乡村人、地、业的统筹联动，补齐乡村发展短板，实现对乡村地域系统功能提升的正反馈，推进乡村的全面振兴。

（二）农地产权制度改革：乡村振兴的"提质效"效应

城乡地域系统在空间上没有绝对的断裂点，在功能上也互为补充，两者交织互联。农地产权制度改革是以土地为主要对象，整合乡村发展要素，促进城乡融合发展与地域功能整体提升的系统工程。农村土地制度改革发挥对乡村振兴补短板作用的同时，还起到制度联动、城乡融合与经济转型的多重乘数效应。农地产权制度改革一方面促进土地流转市场化发展，打通了城乡土地要素流通渠道，以构建城乡统一土地市场为突破口，破除城乡二元土地管理体制，实现城乡土地制度的统筹发展；另一方面将改变乡村社会经济结构，促使乡村治理秩序与治理制度转型发展。农村土地制度改革最为直观的作用是强化了农村的制度供给，本身是供给侧结构性改革的重要内容。土地经营权抵押贷款等举措有利于提升农村金融供给水平，完善农村金融服务，健全农村金融体系。农村土地制度改革推动要素自由流通、平等交换，有利于促进城乡等值化发展，推动乡村振兴的同时能够有效促进新型工业化、新型城镇化发展与农业农村现代化的"三化"同步发展，最终促成城乡融合的发展局面。农地产权制度改革是破除乡村发展困境的突破口，将打开乡村发展广阔空间，促使乡村经济成为中国经济发展新的增长点。在统筹城乡发展的同时，提升经济发展质量与发展效率，通过城乡功能互补共促，实现经济结构的优化。农地产权制度改革促进乡村振兴发展，进而对中国建设现代化经济体系产生积极影响。

（三）农地产权制度改革对乡村振兴的作用机制

农地产权制度改革通过配置要素、调整结构、优化功能等机制助推乡村振兴发展。乡村振兴的不同价值目标下分别对应了不同的价值准则与重点方向。农地产权制度改革确权的稳预期效应与促流转效应，配套以土地整治等工程措施，能够实现耕地保护，有效助推"藏粮于地"战略的实施，进一步夯实农业生产的能力基础。通过盘活农村闲置土地等方式，能够有效补充农村产业用地供给，加之新型农业经营主体的进入与土地入股等合作形式的丰富，农村产业融合水平将得到进一步提升。农村土地制度改革对耕地质量改善、人地矛盾缓解、农村三生空间重构具有重要意义，是生态宜居战略目标实现的有效手段。农业生产发展、环境改善、发展主体再充实有助于农耕文化保护以及文化景观生态重塑。其中，宅基地制度改革能够有效缓解农村宅基地供需紧张态势，减少邻里宅基地纠纷。农村精英的回流与农村创业就业的发展，将进一步缓解农村"三留守"问题，营造更好的乡村道德文化生态。农村土地制度改革的价值显化与集体夯实功能以及制度联动效应，充实了集体经济，为乡村基层治理奠定了经济基础，对乡村治理体系具有积极作用。要素流动、价值显化、主体培育等农村土地制度改革的多功能作用能够助推生活富裕目标的实现。可见，农地产权制度改革通过不同方式与不同路径对乡村振兴的战略目标均具有一定程度的助推作用，是其重要抓手与支撑平台。同时，农地产权制度改革对乡村振兴存在循环作用机制。以农地产权制度改革为突破口实现乡村治理制度、农村金融体系等制度的联动供给，促进乡村发展的同时带动城乡融合发展，并实现对现代经济体系的完善与健全，进而实现对乡村振兴的积极反馈与响应。

本章小结

　　农业、农村和农民（简称"三农"）问题是关系国计民生的根本性问题，必须始终把解决好"三农"问题作为全党工作重中之重，而乡村振兴战略正是破解我国"三农"问题的金钥匙，为农业农村现代化建设指明了方向。当前，我国正处在开启全面建设社会主义现代化国家新征程，迈向第二个百年奋斗目标的历史新起点上。推进乡村振兴发展是推进经济高质量发展的需要，是城乡一体化和区域协调发展的需要，是实现全面深化改革的需要。乡村振兴战略对于全面建设社会主义现代化国家、实现第二个百年奋斗目标具有全局性和历史性意义。没有农业农村现代化，就没有整个国家的现代化。在现代化进程中，如何处理工农关系、城乡关系，在一定程度上决定着现代化的成败。习近平总书记指出，没有农业现代化，没有农村繁荣富强，没有农民安居乐业，国家现代化是不完整、不全面、不牢固的。

　　民族要复兴，乡村必振兴。以习近平同志为核心的党中央坚持把解决好"三农"问题作为全党工作的重中之重，不断推动"三农"工作理论创新、实践创新和制度创新，农业农村发展取得了历史性成就，发生了历史性变革，为党和国家事业开创新局面奠定了坚实的基础。在这一进程中，以习近平同志为核心的党中央着眼于"两个大局"，致力于"两个一百年"奋斗目标，顺应于亿万农民对美好生活的向往，提出实施乡村振兴战略，强调走中国特色社会主义乡村振兴道路，并围绕乡村振兴先后发表了一系列重要讲话和重要指示。习近平总书记在乡村振兴的初步探索中强调，"中国要强，农业必须强；中国要美，农村必须美；中国要富，农民必须富"，以此作为新时代乡村振兴的初步探索，切实把"三农"工作抓牢抓好。"坚决打赢脱贫攻坚战"为接续推进乡村振兴奠定了坚实的物质基础，而且给予了强大的精神动力和坚强的组织保障。"坚决打赢脱贫攻坚战"是乡村振兴的奠基之举。乡村振兴的顶层设计是构建"三农"工作的总抓手，农业农村现代化是实施乡村振兴战略的总目标，坚持农业农村优先发展是实施乡村振兴战略的总方针，"产业兴旺、生态宜居、乡风文明、治理有效、生活富裕"是实施乡村振兴战略的总要求。乡村振兴是着眼于"两个大局"所做出的重大战略部署，在"两个大局"中起到基本盘和压舱石的重要作用，民族要复兴，乡村必振兴，乡村振兴进入到全面推进的阶段。习近平总书记关于乡村振兴的重要论述，是马克思主义"三农"理论中国化新的飞跃，是新时代党的"三农"工作理论创新和实践创新的重要成果，为新时代实施乡村振兴战略提供了科学指南。随着脱贫攻坚目标任务的如期完成，我国"三农"工作重心实现向乡村振兴的历史性转移。在全面推进乡村振兴的时代际遇下，理清乡村振兴的发展脉络，阐明习近平总书记关于乡村振兴重要论述的创新性贡献，有利于更好地把握乡村振兴战略的发展走向，有利于更好地增强新时代做好"三农"工作的历史主动性。

乡村振兴发展更加强调整体推进，具有综合性、整体性、普惠性和持久性的特点，在实施乡村振兴战略过程中面临着如何广泛调动亿万农民参与问题，如何破解乡村建设人才匮乏问题，如何协调多元主体共同参与问题，如何传承与发展乡村文化问题。全面建设社会主义现代化国家，最艰巨、最繁重的任务仍然在农村。新时代下，如何推进乡村振兴发展成为重要议题。做好今后一个时期"三农"工作，要全面贯彻落实党的二十大精神，深入贯彻落实习近平总书记关于乡村振兴战略的重要论述，坚持农业农村优先发展，坚持城乡融合发展，强化科技创新和制度创新，坚决守牢确保粮食安全、防止规模性返贫等底线，扎实推进乡村发展、乡村建设、乡村治理等重点工作，加快建设农业强国，建设宜居宜业和美乡村，为全面建设社会主义现代化国家开好局起好步打下坚实基础。

农地产权制度改革可以为农村各项工作的开展提供一个良好的经济环境，进而带动乡村振兴战略发展。一方面，农村土地制度改革是乡村振兴实施的重要动力。农村土地制度改革可以强化土地交易的公平性和流动性，提高土地交易的质量，创造更多的经济效益，带动农村经济发展；同时，可以实现土地资源的科学、合理配置，进而提高土地资源的利用效率，避免浪费土地资源的现象，提高农业生产水平，增加农业生产带来的收入。另一方面，土地制度改革当中的土地增减挂钩政策对于乡村振兴战略发展也有一定促进作用。土地增减挂钩政策是指将农村用地的增减与城市用地的增减结合起来，将部分城市建设用地与农村建设用地进行整合，减少对耕地的占用，保证各类农村用地比例的合理性。通过实施土地增减挂钩制度，能够有效维护农民的耕地所有权，保证农民经济收益；同时，保证农村农业生产不受影响，保证农业经济的发展。农村土地制度改革是乡村振兴战略实施的最主要动力之一，对于农村经济的发展具有重要的推动作用，两者之间的关系密不可分；只有认识到农村土地制度改革与乡村振兴之间的关系，才能提高乡村建设水平。推进乡村振兴需要优先考虑贫困地区和贫困人口的发展需求，加强社会保障和公共服务的建设，提高农村居民的生活品质和获得感，促进社会公平和社会和谐。乡村振兴战略对于实现中国现代化、促进城乡融合发展和促进社会公平具有重要意义。

第三章　农地产权制度的创新发展及案例分析

中华人民共和国成立以来，农地产权经历"两权分离""三权分置"制度变革，激发了农民、农村社会要素能量的释放和能力的改变，实现了农村社会发展的"动能转换"。随着乡村振兴战略的实施，农地产权制度改革尤其是承包制的推行，虽然促进了农民致富，实现了农村一定程度的发展，但因为只是部分还权，农民并没有获得完整的土地产权，农地产权现存制度不适应乡村振兴时代要求。本章基于我国三权分置土地产权制度农地流转现状，对农地产权制度运行现状与潜在风险进行分析。

第一节　中国农地产权制度的改革历程

党中央、国务院高度重视农村产权制度改革。习近平总书记指出，农地产权制度改革对推动农村改革发展、完善农村治理、保障农民权益、探索形成农村集体经济新的实现形式和运行机制具有重要意义，要深化农村集体产权制度改革,发展农村集体经济,着力推进农村集体资产确权到户和股份合作制改革。本章重点阐述中华人民共和国成立以来农地产权的变迁历程,为三权分置的农地产权制度溯源。

一、两权合于农民 (1948~1954 年)

在封建社会,土地集中在少数地主手中,占乡村人口不足 10% 的地主与富农占有的土地却达 70%~80%,地主阶级对农民的地租剥削,不但占有了他们的剩余劳动,而且占有了他们大量的必要劳动,农民往往只能从事低收益的农业生产,土地分配不公、土地流转不畅等问题严重制约了中国农业的发展和农民的生产积极性。1949 年 9 月通过的《中国人民政治协商会议共同纲领》指出:"凡已实行土地改革的地区,必须保护农民已得土地的所有权。"1950 年 6 月下旬,人民政府颁布《中华人民共和国土地改革法》(以下简称《土地改革法》),用以指导和规范广大新解放区的土改。《土地改革法》规定:"废除地主阶级封建剥削的土地所有制,实行农民的土地所有制,借以解放农村生产力,发展农业生产,为新中国的工业化开辟道路。"土地改革实行耕者有其田的制度,将土地分配给农民,使农民有了自己的土地,能够自主经营种植,增加农民的积极性和生产效益。土地改革将农业资源在不同的阶级阶层中进行了重新分配,农民拥有了对土地的完整产权,给以前缺地少地的农民带来了土地和发家致富的希望,有利于改变农村经济贫困落后的局面;按照人口所在地分田地,初步建立了农业人口与土地之间的地籍关联。土地改革推动了中国的社会发展和现代化进程,土地改革废除了封建地主阶级对土地所有权的掌控,使农民拥有了对土地的完整产权,使中国的社会变得更加平等和民主。此外，土地改革也为中国的现代化建设奠定了基础，为中国社会经济发展提供了有力支撑。

为了满足国家工业化进程以及对粮食与工业原料的需求，避免个体经济在农业生产中存在的弊端，由个体经济向农业集体化转变成为了必然趋势。1955年11月发布的《农业生产合作社示范章程草案》规定："社员的土地必须交给农业生产合作社统一使用"，"在农业生产合作社的初级阶段，合作社按照社员入社土地的数量和质量，从每年的收入中付给社员以适当的报酬"。初级社里，社员拥有土地所有权，其法理上的体现便是享有土地报酬，"私有土地的联合使用"构成了初级社产权制度的主要方面。同时，初级社已经孕育了公共财产归社员无差异占有等若干集体经济因素。农地由集体统一耕作，播种的作物种类、面积以及施用的肥料等都由合作社决定，单个农民已经无力支配农地的耕作效果和土地产出。初级社的实施意味着农民不再拥有对于土地的完整产权，农民拥有土地的所有权与收益权，但土地的经营使用权归集体所有，随着经济形势的不断变化，初级农业合作社对土地的统一经营管理是必然趋势。初级社的普及是农民土地所有制向农民所有、集体经营的农业生产模式的转变，初级社的实施有效克服了一家一户农业经营的脆弱性，提高了农业生产的效率，是向社会主义农业生产方式转变的过渡形式。与土地交由初级社统一耕作相伴随的，是社员自身的劳动交由集体统一使用和支配，土改后农民获得的土地所有权并没有得到保护。在合作化推行的过程中，土改后农民获得的土地私有权逐渐归并于集体。研究农地产权制度的变革历程与阶段特征有重要的历史价值。在农业生产合作社社章中就指出，合作社是在私有财产基础上，实行土地入股、统一经营、集体劳动的农业生产组织形式。互助组是在自愿、互利、民主的原则下成立的，且随着互助组的不断发展，出现了频繁的、有规则的换工。土地改革是中国历史上一次重要的资源再分配政策，土地改革后农民拥有了对土地的完整产权；农业合作化的推进使土地产权由个人逐渐让渡于集体，土地所有权归于集体。土改后农民生产积极性得到提高，农业合作化的发展更是推动了农村生产力的恢复和发展，在合作化运动后，中国农村的水利工程与农田基本建设有了明显的改进。但在农业合作化的进程中，也出现了一些问题，在农业生产中生产方案未能得到有效贯彻执行。总体来看，虽然"两权合于农民"的农地产权制度存在着一些弊端，但它废除了封建土地所有制，激发了农民生产的积极性，推动了农业生产力发展，进而推动了中国的现代化建设的进程。

二、两权合于集体（1955~1981年）

中华人民共和国成立初期，工业基础设施薄弱，经济发展水平有待提升，为实现社会主义改造，中国根据苏联的经济发展模式以农业为基础，优先发展重工业。为实现国家富强，为工业化发展提供充足的资源，需要推进农业合作化的进一步发展，高级社便应运而生。1956年6月通过的《高级农业生产合作社示范章程》规定："入社的农民必须把私有的土地和耕畜、大型农具等主要生产资料转为合作社集体所有。"高级社的普及标志着土地所有权由农民所有转变为合作社集体所有，由农民土地所有制向集体土地所有制的转变。高级社的迅速发展使一些地方没有经过初级社的过渡直接进入了高级社。在高级社下，农业劳作工具等生产资料收归集体所有，进行统一分配使用，按劳动成果的分配方式取代了土地分红的分配方式，土地所有权与经营使用权都归集体所有。随着1956底高级社化的实现，农地集体所有制得以建立，土改后农民所获得的土地私有权逐渐归并于集体。统购统销切断了农民与自由市场之间的联系，农民生产的产品必须卖给国家以及官方掌控的市场，加之国家政策对于合作社在税收、贷款等方面倾斜，加入合作社成为中国农民的现实选择。农民加入了合作社，社员成为身份性农民的符号。在合作化推行的过程中，出于对农村自发的资本主义倾向的高度警惕，引导个体小农走向社会主义道路。在农民土地归并于集体的过程中，合作社制定了详细的生产计划，规划了周密的生产流程，以建立农民与土地之间的关联，但是小生产共同体并没有达到增进农民利益的目标。

在高级农业合作社下，我国的农地产权制度也有了根本改变，农民的土地和主要的生产资料所有权归合作社所有，农民不再享有分红，并且得不到补偿，我国农业生产资料的产权由农民私人所有制转变为农民集体所有制，土地的所有权、经营权等权利都归合作社所有。虽然成立高级农业合作社的初衷是好的，但这一做法却脱离了客观现实，这种生产关系显然与当时的生产力不相适应，挫伤了农民从事农业生产的积极性。随后我国建立了"一大二公"的人民公社，不仅土地所有权、经营权归人民公社，就连农民的其他生产和生活资料都归人民公社，实行平均分配的政策。当时根据客观条件建立了"三级所有，队为基础"的土地产权制度，土地和其他生产资料由生产队掌控与核算，农民进行集体经营，这虽在一定程度上缓解了当时的平均主义问题，但本质上来讲仍然是"公共产权"，产权界定比较模糊，这与当时的农村生产力不相适应，存在着效率低下的问题，因此一场新的变革也势在必行。

三、两权分置（1982~2013年）

人民公社将农村的经济生产集中在大规模的集体经营中，但由于缺乏有效的经济激励和市场机制，影响了农民的生产积极性，导致了农村经济生产效率低下，农业生产水平下降，不利于人民生活水平的提高和社会稳定。一场自下而上的农地产权制度创新应运而生，家庭联产承包责任制登上历史的舞台。1978年家庭联产承包责任制土地改革的核心在于土地产权的分置，即将土地产权分为所有权和经营权。其中土地所有权归集体所有，土地经营权由集体经济组织采用"户均分包"的方式由农户自主经营、自主管理。家庭联产承包责任制的推行在一定程度上有助于纠正农村土地产权制度长期存在的管理过度集中和经营方式过分单调的短板，赋予农民由单纯的劳动者向生产者和经营者转换的双重身份，极大调动农民生产积极性，提高了劳动和土地等生产要素利用效率。

四、三权分置（2014年至今）

为进一步激活农地使用效率化解人地矛盾、推动实施乡村振兴战略，顺应农村生产关系变革，在农地所有权与承包权"两权"分置实践基础上，中央创新性提出了集体土地所有权、农户承包权和土地经营权"三权分置"。2013年7月，习近平总书记提出："深化农村改革，完善农村基本经营制度，要好好研究农村土地所有权、承包权、经营权三者之间辩证关系。"2014年中央一号文件①明确"在落实农地集体所有权基础上，稳

---

① 2014年中央一号文件《关于全面深化农村改革加快推进农业现代化的若干意见》，《人民日报》2014年1月19日。

定农户承包权，放活土地经营权"。2015 年的中央一号文件①提出推进农村集体土地确权登记发证，稳步推进农村土地制度改革试点。2016 年中央一号文件②确立农地承包关系长久化，进一步探索三权分置思路。2017年中央一号文件③强调落实三权分置，加快推进农村承包地确权登记颁证，探索扩大试点范围，统筹推进农地征收、集体经营性建设用地入市、宅基地制度改革试点。2018 年中央一号文件④强调深化农地产权制度改革，创新农地基本经营制度。

第二节　三权分置农地产权制度现状

一、土地流转现状

随着三权分置农地产权制度的实施，土地所有权、使用权与经营权分离开来，土地流转规模不断扩大。随着现代农业的发展和城镇化水平的提高，土地流转的方式也逐渐增加，范围也从沿海发达地区向内陆延伸，土

---

① 2015 年中央一号文件《关于加大改革创新力度加快农业现代化建设的若干意见》，《人民日报》2015 年 2 月 1 日。

② 2016 年中央一号文件《关于落实发展新理念加快农业现代化实现全面小康目标的若干意见》，《人民日报》2016 年 1 月 27 日。

③ 2017 年中央一号文件是指 2017 年 2 月 7 日发布的《中共中央　国务院关于深入推进农业供给侧结构性改革加快培育农业农村发展新动能的若干意见》。

④ 2018 年中央一号文件是指 2018 年 1 月 2 日发布的《中共中央　国务院关于实施乡村振兴战略的意见》。

地流转的整体规模越来越大，且呈现纵向资金扩大和横向版图扩大的双向发展态势。然而，我国土地流转发展速度和发展规模仍旧低于期望值，这是由于我国土地流转的收益率比较低以及农户对承包经营权难收回的顾虑等现实情况的存在，使得他们宁可选择粗放经营或者弃耕，也不选择土地流转，即便是我国的农业大省，土地流转面积占耕地总面积的比例也较小。除此之外，土地流转的区域呈现差异化、多元化发展态势，流转的程度也因地区经济发达程度而呈现一定的差异性。由于经济发达地区的产业化和城镇化水平较高，对农用地的依赖度不高，一定程度上提升了土地流转的积极性，因此，经济发达的沿海地区土地流转程度高于内陆的中西部地区，经济发达的沿海地区流转比例约为 8%～10%，而中西部内陆地区所占比例约为 1%～2%。农民的文化知识背景以及地方政府的鼓励政策的不同，也影响着区域间土地流转率。

二、土地利用率现状

一方面，土地利用率正在逐年以高效形式进行开发，但尚未开发完全，农村土地利用率现状相较其他发达国家来说稍显不足。我国所进行的农村土地流转的周期一般较短，许多土地受让者虽然投进去大量的资金，但还没来得及收回预期的收益，土地就被收回了，农户与农户之间的流转，并没有促成集约经营，仍旧是分散经营，农地也无法开展高效生产。另一方面，随着土地流转的发展出现了多种流转形式，但主要形式还是以农户与农户之间的自由流转为主，程序上多以口头协议为主，期限可能未明确规定，原承包户可以随时收回土地，因此，在土地流转使用的过程中，土地纠纷数量呈递增趋势。土地流转现状下土地纠纷数量的增多，在一定程度上反映了土地流转过程中存在的一系列问题，这些问题在纠纷中多有体现。因此，探析农村土地流转存在的问题，并提出相应建议，以期改观土地流转现状、推动农用地发展。

第三节　农地产权制度改革的典型模式与案例分析

党的十九大报告提出要实施乡村振兴的发展战略，"十四五"规划更进一步强调，要优先发展农业农村，全面推进乡村振兴。农业的现代化是实施乡村振兴战略的基础，在我国人多地少的现实背景下，土地资源分散是我们在农业现代化道路上亟须解决的问题。随着农户非农收入的比重增加，中国的农地流转日趋活跃，且依托于不同的实践土壤滋生了各种运作模式。本书选取了土地互换模式、反租倒包模式、土地股份合作制模式、"土地银行+土地超市"模式四种土地流转的典型模式，从收益分配方式、土地规模化程度和推广适用性个三方面进行比较分析，并选取了每种模式具有代表性的典型案例，就其落地过程进行深入探讨。总体来说，土地流转过程离不开政府的规范和引导。

一、农地产权制度改革的典型模式

（一）土地互换模式

土地互换模式是指集体经济组织内部农户基于提升开展农业生产的便

利程度，交换自己的承包地，其土地承包经营权也随之交换。该模式起始于经济欠发达地区，以"一对一"的形式展开，交换双方多为距离较近、来往较多的同乡或者亲属。且因为交换双方多为熟人，基于自愿原则，流转程序简单，有利于流转土地的后期经营，大大减少了土地撂荒现象。但同样由于该模式多集中于亲戚朋友等熟人间，缺乏规范的流转合同。当交易一方出现了违约的情况，很难保障另一方的利益，土地纠纷产生的可能性增大。

(二) 反租倒包模式

反租倒包模式是指村委会以给定定额"租金"的形式将承包到户的土地集中到集体（反租），再由村集体在不改变土地用途的前提下对其进行统一规划和布局，然后将土地的使用权通过市场的方式承包给有需要的农业经营大户或者从事农业经营的公司（倒包）。这种化零为整的土地流转模式，有效促进了土地规模化经营。与此同时，集体经济组织的介入，降低了承包风险，为农户收益提供了一定程度的社会保障。但同样，由于集体经济组织这个"中间商"的介入，增加了交易成本，倒包的土地价格一般高于租进的"成本"。该过程中由于承包农户和信息主体间存在信息不对称，可能会滋生集体经济组织谋私利的情况。由于农民受教育程度普遍较低，在进行集体经济组织决策时，也可能会出现沟通不顺畅、决策效率低等问题。

(三) 土地股份合作制模式

土地股份合作制是指农户把自己持有的土地经营权转化为"股份"，

委托给集体经济组织或者农业经营公司统一经营，按照农户持股比例进行分红，该模式是农村生产关系的一次重大变革。该模式使得土地的承包者和经营者在市场经济面前风险共担、利益均摊，可有效推进土地承包管理的制度化和规范化，促进农业增效、农民增收，进而促使劳动力人口由农业逐步转移到非农产业，合理化劳动力资源配置。与反租倒包模式类似，如何有效地与农户沟通也是该模式的一大难点。

（四）"土地银行+土地超市"模式

以上几种模式都是建立在有需求方的情况下，"土地银行+土地超市"模式则更进一步盘活了闲置的耕地资源，使得在暂时没有合适的需求方的情况下也能促进农户增收。"土地银行+土地超市"是近年来出现的新模式。该模式是以土地确权登记为基础，对土地资源进行详细摸查并确权登记。之后依托农资运营管理公司成立"土地银行"，将土地经营权存进该银行，并由"土地银行"统一进行承包经营权抵押贷款、土地按揭分期贷款等金融业务，盘活土地资源。不仅如此，该农资运营管理公司还成立了"土地超市"，将农村土地统一包装运作，需求方客户只需挑选合适的资源，其他收储和规划工作都通过农地资源经营专业合作组织进行，大大降低了企业的交易成本。同时，对于农户和村集体来说，土地的连片规划不仅盘活了集体资产，更提高了土地的价值。这种多主体参与的土地流转模式对于流转效率的提升、农村金融的创新意义重大。但该模式尚在试点阶段，缺乏相关法律法规的监督。

二、农地产权制度改革模式的比较分析

（一）收益分配方式比较

农户通过土地流转获得的收益主要来自于农业经营所获得的收益以及土地的租金，不同土地流转模式的获利方式略有不同（见表3-1）。土地互换模式是在相熟的农户与农户之间交换，几乎不存在交易成本。该模式不涉及土地租金，收入来源主要为农业经营收入，在一定程度上降低了土地的细碎化，有利于土地规模经营，能提高农业产出，进而提高农户收入。一方面，由于农业生产受气候影响较大，收益风险性较高；另一方面，由于该模式以口头为主，往往缺乏正式的流转合同及手续，仍存在一定的交易风险。反租倒包模式是村委会通过定额"租金"将分散的农户土地集中起来，再转包给农业经营大户或农业经营公司，农户能获得固定的土地租金，收益风险性较低，但由于村集体经济组织的介入，交易成本相较于土地互换有所上升。土地股份合作制模式采取的是农户自愿入股的方式，委托给集体经济组织或者农业经营公司统一经营，农户按照持股比例分红，且因有正式合约保障，该模式收入稳定性较高。"土地银行+土地超市"模式是由政府担任"中间商"进行流转，农户交易成本较低，稳定性较高。但该模式要求作为中间商的"农资运营管理公司"对农户的土地"存款"现结，因而作为中间商的农资运营管理公司交易成本较高。

表 3-1 土地流转模式收益分析比较

土地流转模式	土地互换	反租倒包	土地股份合作制	"土地银行+土地超市"
收入来源	农业经营	土地租金	分红	分红
交易主体	农户	农户、村集体、农业经营大户/农业经营公司	农户、村集体、农业经营大户/农业经营公司	农户、村集体、农资运营管理公司、农业经营公司
交易成本	最低	一般	较低	农户成本低，金融机构成本高
收益风险性	较高	较低	较低	低

资料来源：《乡村振兴之农村土地流转典型模式比较分析》。

（二）土地规模化程度比较

土地流转的最终目的是使土地连片集中，有利于土地规模经营，促进居民收入水平提升。四种模式都有利于优化土地资源配置，提高土地的利用效率，其规模化程度比较如表 3-2 所示。其中土地互换模式虽然互换地块较多时也能在一定程度上实现农地的规模经营。但大多是发生于相熟的农户之间的较少地块的互换，土地集中程度很难达到规模化经营的要求，对规模经营的实现率较低。其他三种模式均能实现土地的"适度"规模经营，有利于现代农业的进一步实现。

表 3-2 土地流转模式规模化程度比较

土地流转模式	土地互换	反租倒包	土地股份合作制	"土地银行+土地超市"
土地利用率	一般	较高	较高	较高
规模经营实现率	低	较高	较高	较高

资料来源：《乡村振兴之农村土地流转典型模式比较分析》。

（三）推广适用性比较

本书从推广适用性、推广难易程度、推广特点和适用范围四个方面入手，探讨各个土地流转模式推广的可能性（见表 3-3）。土地互换模式主要集中在相熟的农户之间，只需双方有互换的意愿即可，程序简单，操作方便，全国范围内皆可推广。反租倒包模式对中间商"村集体"的要求较高，村集体需有一定的威信及运作能力，能说服所有的农户出让土地，同时该模式也要求"承包方"有带动性，由于同时符合上述要求难度较大，该模式主要适用于村集体有威信及农业产业较为发达的地区。土地股份合作制对农地确权的要求高，往往适用于土地确权较为完善和扎实的地方，且该模式必须以产业发展为依托。当经济发展到了一定的阶段，需要产业化发展进一步推进，农业产业化要求规模经营和规模效应，需要将分散的土地集中。此时，将分散的农村土地以股份制形式集中起来，农民以股东的形式参与，不仅能发挥土地的效益，也能保障农民的利益。"土地银行+土地超市"模式是近年来出现的新模式，农户对该模式的认知度较低。但该模式的组织者为当地的地方政府，相关政策扶持力度较大，农民对该模式的信任度较高，有利于该模式的后续推广。

表 3-3　土地流转模式的推广适用性比较分析

土地流转模式	土地互换	反租倒包	土地股份合作制	"土地银行+土地超市"
推广适用性	高，操作简单	较低	一般	一般
推广难易程度	容易，农户接受度高	较难，对土地和"承包商"要求高	一般，对经营方要求高	一般，农户认知较低

土地流转模式	土地互换	反租倒包	土地股份 合作制	"土地银行+ 土地超市"
推广特点	集体互换难以实现	适用于农业产业发达地区	对土地确权要求高	地方政府组织，政策规范
适用范围	全国	土地较多、二三产业较发达地区	二三产业发达、农户收入较高地区	二三产业发达、城市化水平较高地区

资料来源：《乡村振兴之农村土地流转典型模式比较分析》。

三、农地产权制度改革的典型案例

（一）新疆沙湾模式——土地互换

新疆沙湾县是优质棉建设县和国家 60 个优质棉出口基地之一。全县拥有耕地 131 万亩，其中，棉田面积达 64 万亩，棉产业不仅是沙湾县农村的支柱产业，更是当地农民的主要收入来源。沙湾县拥有棉花种植的良好气候和土地资源条件，但水资源时空分配不均，县内可利用地表水共 6 亿立方米，年引水量仅 3.6 亿立方米，加上年提取地下水 0.8 亿立方米，沙湾县可利用水资源总量为 4.4 亿立方米，亩均水量仅为 300 多立方米，是全新疆水资源较为匮乏的县之一。在棉花灌溉的高峰期，用水十分紧张，水资源匮乏是棉花增产的主要制约因素。

为了推广实施节水滴灌，2004 年，沙湾县四道河子镇下八户村率先发起农地互换（见图 3-1）。该村依托优质棉基地高标准节水灌溉项目资金的支持，引进了膜下滴灌节水技术。但是，实行家庭联产承包责任制时为了保障公平，每户的责任田按照耕地肥力等情况进行划分，这就造成该村的每片条田分属十几户，甚至几十户农户。每片条田都有很多田埂，不仅大大增加了铺设管道的成本，过于分散的条田导致后续的播种、浇水、施肥、机耕等作业也不易协调管理。介于此，村委会和村民协商后决定，以农户为单位对村民土地进行调换，尽量使 3~4 户农户即可拥有一整片条田。2004 年，该村成功完成了部分农户的土地互换试点，到 2005 年，全村 10368 亩耕地全面实现了互换，滴灌、微灌等高新节水技术普及率达到 100%。2005 年，该村棉花平均亩产达到了 320 公斤以上，大大超过了以往的 40 公斤左右，农民人均增收 500 元以上。

该村土地互换模式让沙湾县下辖的其他村也陆续开始了土地互换，自 2005 年以来，陆续有 28 个村庄进行了土地互换，互换面积共达 12.5 万亩，土地互换面积占全县耕地面积的 10%。通过土地互换，不仅实现了滴灌等高新节水技术的普及，更进一步推动了土地的规模经营，加速了农业产业化进程，促进了农业增产和农民增收。

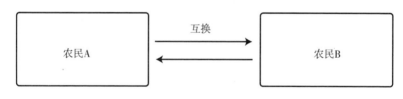

图 3-1　土地互换交易

（二）安徽小岗模式——反租倒包

安徽凤阳县小岗村，作为新中国改革进程中具有重要历史地位的农村之一，目前已经形成了以农村土地反租倒包流转（见图 3-2）为代表的土地流转增值模式。

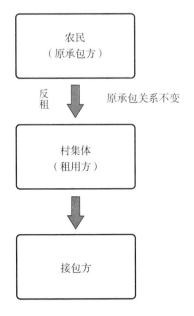

图 3-2　反租倒包交易

　　作为家庭联产承包责任制的先行者，小岗村率先实行大包干、包产到户，1979 年小岗村粮食总产量达 13.3 万斤，十几年来第一次向国家交售余粮。而近年来，农民进城务工人数增加，土地抛荒也随之增多。在此背景下，小岗村正在做一件与 42 年前 "分田到户" 相反的事，将分散的土地自愿有偿流转，村集体出面协调有意愿出租的土地，由村集体承租，集中土地后再租赁给企业，农户不直接与企业签订流转协议。倘若农户直接与企业签订流转协议，企业发展不好或倒闭，农户的土地流转费用也将受影响。而村集体的介入将大幅度降低农户转租的风险，不论企业经营状况如何，村委会每年都会照单支付农民的流转费用。为了规范化土地流转，小岗村制定了统一流转费用标准，每亩田流转费用是 700 斤原粮，加上国家粮食补贴，以流转 10 亩田为例，农户一年纯收入超 1 万元。在此模式下小岗村大量的抛荒土地成了"兴业热土",实现了规模化、集约化生产,农业企业的引进也为小岗村提供了大量的非农就业岗位,进一步促进了农民增收。

不仅如此,小岗村不断完善反租倒包的流转方式,村委会在 2012 年成立集体公司,农户与公司签订协议,村集体依法依规、采用市场行为租用农民土地,最大限度地避免了农民土地流转风险。2016 年,中央继续推进农村集体产权制度改革,小岗村又组建了集体资产股份合作社,按章程定期给村民分红,增加农民收入。

(三) 上海奉贤模式——土地股份合作制

上海奉贤模式是土地直接入股的典型代表。上海市奉贤区位于长江三角洲东南端,人口 52 万,下辖 22 个镇。奉贤区主要采用农民土地折价入股的方式积极吸纳民间资本参与农业生产,培育并成立各门类专业合作社。2018 年上半年,奉贤区开始启动农村土地股份合作(见图 3-3)改革试点,选择了庄行镇新叶村、西渡街道南渡村、四团镇大桥村、奉城镇盐行村和朱新村 5 个村庄作为试点,主要采用的是村级入股自营的方式,农民以土地承包经营权作价入股建立村级股份制合作社,村级股份合作社将农田划片交给分组作业户进行管理,每年支付分组作业户一笔管理费,并制定亩产量基准线,超出部分在股份合作社和分组作业户之间分成。具体标准各个村之间略有不同,新叶村将 2400 多亩水稻给 15 个分组作业户管理,如果亩产达到 1050 斤基准产量,即可拿到 500 元一亩的管理费,超出 1050 斤部分,可获得 80%的收益。南渡村则以亩产量 1000 斤作为基准,达到这个产量可获得每亩 450 元的管理费,超出 1000 斤部分,分组作业户可获得 50%的收益。

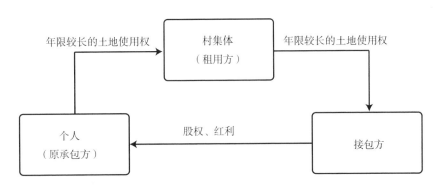

图 3-3　股份合作制交易

奉贤区以土地股份合作制为依托的农业专业合作社发展迅速，产业类型多样化，涉及花卉、蔬菜、粮食、瓜果、畜牧、水产、禽蛋、蜂业等多个领域；产业模式多元化，囊括"合作社+农户""合作社+基地+农户"和"龙头企业+合作社+农户"等多种形式；产业成果标准化，重视标准生产、品牌建设，已经培育形成了一批名优特色的农产品品牌。

（四）湖南宁远模式——"土地银行+土地超市"

近年来，宁远县依托"互联网+"，大胆创新，在湖南省率先启动并建立"土地超市"（见图 3-4），成为了"土地超市"模式的典型试点。

2019 年 2 月 27 日，宁远县和土流网、隆平高科签约组建宁远县农村资源运营管理有限责任公司。宁远县首先通过土地确权颁证，实现集体资产的全摸底，大量闲置耕地得以登记核实，由三方合资公司集中收储、规划分散在农户和村集体的土地，帮助其实现连片、统一，完善配套基础设施后，通过土流网的"土地超市"流转给有需要的农户/公司。该模式改

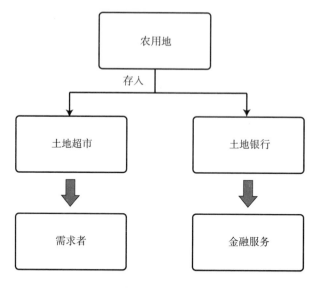

图 3-4 "土地银行" + "土地超市"交易

革了过去农地分散在农户和村集体之间，企业需要自己整合的状态，通过"土地超市"统一包装运作，有需求的客户只需挑选合适的资源，其他的收储和规划工作都可以由农资运营管理公司完成。不仅帮助需求企业减轻了负担，对于村集体来说，土地的连片集中更是成倍提升了集体资产的价值。

对于暂时没有出让的耕地，农民、村集体将土地经营权统一存进"土地银行"，即农资运营管理有限公司，由该公司完成土地承包经营权抵押贷款、授信、按揭分期贷款等业务。通过土流网对土地的估值和运营，农地的确权颁证真正通过"土地银行"实现了其市场价值。

本章小结

中国农地产权经历"两权分离""三权分置"的制度变革，激发了农民、农村社会要素能量的释放和能力的改变，实现了农村社会发展的"动能转换"。"三权分置"下的农地产权制度使土地所有权、使用权与经营权分离开来，土地流转规模不断扩大，土地流转的区域呈现差异化、多元化发展态势。同时，土地利用率有了稳步提升，但是相较其他发达国家来说，在流转周期上还有进一步发展空间。我国所进行的农村土地流转的周期一般较短，土地流转主要形式还是以农户与农户之间的自由流转为主，并没有形成集约经营，仍旧是分散经营，农地也无法开展高效的生产。

改革开放前中国农地产权制度的改革经历了两权合于农民与两权合于集体的阶段。两权合于农民的阶段实行土地改革，土地改革废除地主阶级封建剥削的土地所有制，实行农民的土地所有制，借以解放农村生产力。土地改革实行耕者有其田的制度，将土地分配给农民，使农民有了自己的土地，能够自主经营种植，增加了农民的积极性和生产效益。土地改革将农业资源在不同的阶级阶层中进行了重新分配，农民拥有了对土地的完整产权，土地改革也为中国的现代化建设奠定了基础，为中国社会经济发展提供了有力支撑。为了满足国家工业化进程以及对粮食与工业原料的需求，避免个体经济在农业生产中存在的弊端，由个体经济向农业集体化转变成为必然趋势。合作社是在私有财产基础上，实行土地入股、统一经营、集体劳动的农业生产组织形式。农业合作化的推进使土地产权由个人逐渐让渡于集体，土地所有权归于集体。农业合作化的发展更推动了农村生产力的恢复和发展，在合作化运动后，中国农村的水利工程与农田基本建设有了明显的改进。虽然"两权合于农民"的农地产权制度存在着一些弊端，但它废除了封建土地所有制，激发了农民生产的积极性，促进了农业生产力的发展，推动了中国现代化建设的进程。两权合于集体阶段土地所有权由农民所有转变为合作社集体所有，由农民土地所有制向集体土地所有制转变。在高级社下，农业劳作工具等生产资料收归集体所有，进行统一分配使用，按劳动成果的分配方式取代了土地分红的分配方式，土地所有权与经营使用权都归集体所有。两权合于集体阶段产权界定比较模糊，这与当时的农村生产力不相适应，存在着效率低下的问题，因此，一场新的变革也势在必行。

改革开放后，一场自下而上的农地产权制度创新应运而生，家庭联产承包责任制登上历史舞台，出现了两权分置改革，即将土地产权分为所有权和经营权。其中土地所有权归集体所有，土地经营权由集体经济组织采用户均分包的方式由农户自主经营、自主管理。此后，2014 年中央一号文件明确"在落实农地集体所有权基础上，稳定农户承包权，放活土地经营权"，在农地所有权与承包权"两权"分置实践的基础上，中央创新性提出了集体土地所有权、农户承包权和土地经营权三权分置改革。自此，我国的农地产权制度改革进入新的阶段。

目前，农地产权制度下衍生出土地互换模式、反租倒包模式、土地股份合作制模式、"土地银行+土地超市"模式四种土地流转的典型模式，本书从收益分配方式、土地规模化程度和推广适用性三个方面进行比较分析，并选取了每种模式下具有代表性的典型案例，就其落地过程进行深入探讨。总体来说，土地流转过程离不开政府的规范和引导。我国现在的集体土地产权制度还存在许多问题，无论对于基本农田保护、土地流转，还是征地制度改革，都有许多不利，所以分析我国集体产权制度存在的问题，破解集体土地改革的难题，对于我国的土地制度综合改革有重要意义。土地流转存在一系列的问题，包括土地所有权主体归属不清。土地产权界定模糊，土地产权制度存在权能缺失，土地产权不完整。土地产权制度流转不畅以及农地征用制度和静态补偿制度存在缺陷等，我国要按照"归属清晰、权责明确、保护严格、流转顺畅"的现代产权制度理论深化农地产权制度改革。推进农地产权制度改革，是全面深化农村改革的重要任务，也是实施乡村振兴战略的重要抓手。今后一段时间，我们将以习近平新时代中国特色社会主义思想为指导，全面贯彻党的二十大精神，按照党中央、国务院决策部署，以明晰农村集体产权归属、维护农民集体成员权利为目的，以推进经营性资产股份合作制改革为重点，探索集体经济新的实现形式和运行机制，确保集体经济发展成果惠及本集体所有成员，为实现乡村全面振兴提供重要支撑和保障。

第四章　两权分置制度探索
——以河南省尉氏县为例

中国农地产权经历"两权分置""三权分置"制度变革，激发了农民、农村社会要素能量的释放和能力的改变，实现了农村社会发展的"动能转换"。本书采用历史分析方法，以时间为主线，以河南省尉氏县农村土地产权制度变迁的历程为例，分析中国农地产权"两权分置""三权分置"的制度变革，总结中国农村土地产权制度变迁的特征，凝练出对新时代持续推进农地产权变革有正向意义的评价。

第一节　尉氏县两权分置的家庭联产承包责任制

党的十一届三中全会之后，全党工作重点转移到社会主义现代化建设上来，为切实落实党在农村各项经济政策，充分调动广大农民社会主义积极性，尽快把农业搞上去，根据《中共中央关于加快农业发展若干问题的决定（草案）》《农村人民公社工作条例（试行草案）》以及地委

《关于目前农村经济政策的若干补充意见（讨论稿）》，结合实际情况，中共尉氏县委主动作为，制定系列政策制度推进家庭联产承包责任制落地生根。

一、联产到组责任制的演进特征

1978 年 12 月，党的十一届三中全会通过了《中共中央关于加快农业发展若干问题的决定（草案）》，该政策文件是对农业发展和农地产权问题的顶层创新设计，对农地产权进行了较为清晰的界定。首先，执行"各尽所能、按劳分配的原则，多劳多得，少劳少得，男女同工同酬"，坚决纠正平均主义。其次，提出按照定额计算工分、在按时记工分基础上加评议、由生产队统一核算和分配，包工到作业组，以产量计算劳动报酬，实行超产奖励等具体分配措施。最后，提出恢复并扩大生产队自主权，生产队社员可以民主讨论并决定种植计划、劳动组织、农活安排、计酬形式和收益分配等，强调减轻农民不合理负担等。

正是按照党中央对农业发展和农地产权问题的指导精神，尉氏县农村"联产"生产责任制在县委直接领导下逐步展开。

1979 年 2 月，中共尉氏县委召开三级干部会议，在认真学习《中共中央关于加快农业发展若干问题的决定（草案）》、《农村人民公社工作条例（试行草案）》、省委《关于目前农村经济政策的若干补充规定（试行草案）》和地委《关于目前农村经济政策的若干补充意见（讨论稿）》的基础上，结合实际，制定中共尉氏县委《关于目前农村经济政策的补充意见（试行草案）》，措施主要包括：尊重生产队的所有权、自主权，粮、棉、油征购，加强劳动管理，建立严格的生产责任制，收益分配兼顾国家、集体、个人利益，社员自留地产权和家庭副业管理规定等内容。[①]
然而，该制度设计由于没有从根本上缓和深层次矛盾，微观主体农民的生
产积极性得不到充分发挥，出工不出力、劳动生产效率较低的现实问题依
然无法找到解决路径，包产到户或划分小核算单位成为广大农民的迫切
愿望。

（一）尉氏县联产到组生产责任制建立

为了更好地调动社员集体生产积极性，提高劳动效率，实现多劳多得
的原则，尉氏县委在尊重生产队所有权、自主权的同时，提出生产队要实
行基本出勤和基本投肥的"两基本"制度，建立健全劳动组织，实行劳
动定额，加强生产责任制。首先，创新性地在较大的生产队建立作业组和
专业队。不论建立哪种形式的作业组，都要以"三不变"（所有制不变、
核算单位不变、分配方式不变）、"四统一"（统一计划、统一耕种、统一
投资、统一收打）为基础，对作业组实行"五定"（定劳力、定任务、定
产量、定工分、定奖罚）责任制。其次，定额适合到组的到组，不便到组
的也可到劳力，但是不允许包产到户，不允许分田单干。尉氏县发布的
《关于目前农村经济政策的规定（讨论稿）》强调，不管实行哪种形式的
生产责任制，都要做到定额应合理、质量要保证、检查要及时、评产要认
真、奖罚要兑现。[②]

从 1979 年开始，全县开始调整部分生产队的规模。据统计，全县

①　中共尉氏县委《关于目前农村经济政策的补充意见（试行草案）》，1979 年 2 月 28 日至
1979 年 11 月 21 日，尉氏县档案馆藏，全宗号 1 案卷号 324，第 4-9 页。

②　中共尉氏县委《关于目前农村经济政策的规定（讨论稿）》，1979 年 2 月 28 日至 1979 年 11
月 21 日，尉氏县档案馆藏，全宗号 1 案卷号 324，第 10-15 页。

2961 个生产队，1979 年麦季实行联系产量到组的 79 个队，联产到劳力的 365 个队，合计 444 个生产队，占总生产队 15%；1979 年秋季粮食作物实行联系产量到组的 264 个队，联系产量到劳力的 1394 个队，合计 1658 个队，占总生产队 56%。考虑不联系产量，实行地段包工的 589 个队，临时小包工的 681 个队，合计 1270 个队，占总生产队的 42.9%。以棉花生产为例，在 1579 个产棉队中，实行联系产量责任制的 1263 个队，占产棉队总数 80%；花生种植 1500 个生产队，95%实行了联系产量责任制。1980 年小麦生产管理，初步落实联系产量到组的 217 个队，联系产量到劳力的 1393 个队，合计 1610 个队，占总生产队 54%。1979 年 11 月 21 日，中共尉氏县委《关于七九年生产责任制的建立和执行情况》总结会议进一步明确指出："生产队规模小于三十户的，可以成立临时作业组，生产队规模大于或等于三十户的，适用于'五定、四统一、三包、一奖惩'的常年作业组，也可实施临时作业组。"①

由此，在尉氏县委、政府的制度设计和大力推动下，从 1979 年到 1980 年上半年，尉氏县通过进一步恢复和加强分组管理、联产计酬工作，农村土地产权激励作用逐渐显现，微观主体生产效率和农民积极性得到提高。

（二）尉氏县联产到组生产责任制绩效评价

1979 年至 1980 年上半年，尉氏县联产计酬生产责任制主要有两种组织形式：一是"五定一奖"，联产到组，联系产量，奖罚兑现和"五定一

---

① 中共尉氏县委《关于七九年生产责任制的建立和执行情况》，1979 年 2 月 28 日至 1979 年 11 月 21 日，尉氏县档案馆藏，全宗号 1 案卷号 324，第 63-70 页。

奖"，联产到劳力，全奖全罚和按比例奖罚，坚决兑现；二是专业承包、联产计酬。其中联产到组，"五定一奖"的实施步骤是把生产队划分为若干作业组，分别给作业组定劳力、定任务、定产量、定报酬、定投资等，实行奖惩激励制度，规定奖惩比例；专业承包、联产计酬责任制的核心也是通过定（确定专人负责经营）、包（包产量、包产值、包成本、包工分）、奖（超产奖励，少产惩罚）激励机制，有利于发展集体经济和多种经营，显著提高人和土地等微观生产要素利用效率。

尉氏县联产到组责任制的实施，兼顾集体和农民的权、责、利，打破平均主义、低效率的传统分配模式，广大农民生产经营积极性得到提高，农村生产力得到解放和发展。据统计，1979 年上半年，尉氏县农业生产再上新台阶，例如，永兴公社获得小麦增产 628.7 万斤，平均亩增长 100斤的大丰收，是全县增产最多的公社。再如，户头公社二家张大队的第一生产队，该队共 83 户，402 口人，1350 亩土地，多年来由于受"左"的政策影响，造成生产队干部不团结、社员生产积极性不高、产量下降、生活困难、年年吃统销的严重局面。自党的十一届三中全会精神在该队落实后，该队创新性实行联产到组、"五定一奖"责任制，充分发挥社员生产积极性，即使在秋季遭受自然灾害等不利条件下，仍然获得了比 1978 年秋季粮食产量翻一番的大好收成，社员口粮平均可达 250 斤，部分户口粮可达 300 斤，社员们高兴地说："党的政策给我们带来了干劲，给我们带来了幸福。"①

尉氏县一年多来的生产实践证明，不论实行哪一种形式的生产责任

---

① 中共尉氏县委《全党全民齐动员，千方百计夺取秋季农业全面丰收》，1980 年 5 月 13 日至1980 年 10 月 21 日，尉氏县档案馆藏，全宗号 1 案卷号 330，第 39-40 页。

制，与以往相比都具有很大作用，但是就效果和生产效率而言，联系产量的责任制比不联系产量的效果好，联系产量到组没有联系产量到劳力的干劲大、产量高，奖励比例小的没有奖励比例大的受农民群众欢迎，如大营公社各生产队生产条件基本相同，但由于管理方法的不同造成秋季产量差别较大。

二、家庭联产承包责任制的普及

联产到组、联产计酬生产责任制通过变革生产绩效奖励方式，由过去按照劳动力供给数量和质量评工计分改为依据劳动产出即劳动绩效核算工分。就微观效率而言，该绩效评价制度的变革有利于责、权、利统一于农民，使农民更加关心产量和质量，负责整个生产过程，进而提高生产效率。然而，随着尉氏县农村生产实践开展，联产到组、联产计酬生产责任制存在的弊端逐渐显现，原因在于农户在包产过程中实现的收成不能实现自由支配，而是要上缴生产队再进行统一分配，只有超产部分让渡给承包者，而作业组内管理和分配依然留有平均主义的烙印，联产计酬责任制并不能使广大农民直接拥有政策激励获得感。

（一）家庭联产承包责任制的建立

随着尉氏县联产责任制的普遍推行与改革实践，联产到组、联产计酬生产责任制愈发具有局限性，广大农民日益不满足农地产权改革进程。1979 年底，县朱曲公社朱曲大队和胡张大队开始探索并出现家庭承包责任制，1979 年底到 1980 年初，邢庄公社董庄大队、七里头大队，大马公社井赵大队等实行包产到户①，截至 1982 年底，包干到户责任制在尉氏县得到普遍推广。

尉氏县农业生产责任制始于 1978 年秋季，经过广大干群几年的生产反复实践，主要实行的有：一是统一经营，联产到劳、口粮包干、定额上缴，共计 1657 个生产队，占比 52.7%；二是统一经营，联产到劳、五定一奖、统一分配，共计 576 个生产队，占比 18.3%；三是包干到户，共计 881 个生产队，占比 28.1%；四是定额管理、小段包工，共计 26 个生产队，占比 0.8%。尉氏县农业生产责任制的建立，进一步调整了生产关系，克服了劳动组织上的大轰大嗡和分配上的平均主义，促进了农业的发展。尉氏县粮食总产量 1978 年 3.98 亿斤，1979 年 4.5 亿斤，1980 年调整作物布局，扩大经济作物，在粮食作物相对减少的情况下，总产量仍达到 4.7 亿斤，1981 年 5.1 亿斤，比实行责任制前的 1977 年总产 3.77 亿斤增产 1.3 亿斤以上，增产比例超过 30%。粮食分配方面，除了向国家交售的商品粮有大幅增长外，社员人均收入 1978 年 48.2 元，1979 年 55.7 元，1980 年 83.4 元，1981 年预计可达 100 元，比 1977 年人均增加 55.1 元，增长超过 120%；人均集体口粮 1978 年 376 斤，1979 年 419 斤，1980 年 423 斤，1981 年 460 斤，加自留地粮，实际口粮人均达到 580 斤。广大社员群众满意地说："责任制是个宝，一剂药下去百病好，人叫人动人不动，政策调动积极性。"②

---

① 中共尉氏县委《关于对朱曲公社朱曲、胡张两个大队体制划分的请示报告》，1980 年 4 月 4 日至 1979 年 5 月 10 日，尉氏县档案馆藏，全宗号 1 案卷号 334，第 1-2 页。

② 中共尉氏县委《关于农业生产责任制稳定和完善的意见》，1982 年 1 月 4 日至 1982 年 11 月 15 日，尉氏县档案馆藏，全宗号 1 案卷号 352，第 5 页。

（二）家庭联产承包责任制的普及推行

尉氏县家庭联产承包责任制是在农村生产力与经济发展停滞、土地产权关系严重失衡和农村生产关系矛盾激化的大背景下的必然产物。家庭联产承包责任制的广泛推行，是在经历了包产到组、包产到劳、包产到户、包干到户等一系列过程之后创立的，从一个侧面体现了农地产权制度演化变迁历程。

尉氏县实行的"统一经营、联产到劳"责任制，在生产实践过程中有以下几种主要责任制形式。中共尉氏县委于 1982 年 1 月 4 日在《关于农业生产责任制稳定和完善的意见》文件中，对主要责任制形式的基本特点、做法和问题进行了深入总结、分析和研究。

形式一：统一经营、联产到劳责任制。该责任制形式由生产队统一经营，实行"三不变"（生产资料集体所有制，生产队按劳分配原则，基本核算单位）和"四统一"（统一计划，统一耕种，统一管水用水，统一使用劳力、畜力和大中型农机具）的前提下，按劳力和人劳比例把田间作业管理任务承包下去，实行"五定一奖"（定劳力、定地段、定投资、定产量、定报酬，超产奖励、减产赔偿）。联系产量（产值）把合理分工和相互协作紧密结合起来，把生产队的自主权和社员个人的自主权较好结合起来，把集体生产成果和个人劳动报酬直接联系起来，一方面，集体经济优越性得到体现，另一方面，可以调动社员个人积极性。尉氏县统一经营、联产到劳责任制是 1978 年秋季永兴公社发起的，命名为"五定一奖"。随着生产责任制的实施，在前进过程中也遇到了一些新情况、新问题：一是报酬不平衡，承包大田劳力与其他专业人员工分悬殊太大，不能体现"按劳分配、多劳多得"的社会主义分配原则。二是统收统支、定产部分上交。统一按工分分配，工作量大，手续烦琐，不适应当前多数生产队干部的管理水平。总之，统一经营、联产到劳责任制能够发挥两个积极性，解决了生产问题，但在分配问题上还存在不少问题和矛盾。

形式二：包干到户责任制。包干到户即大包干，是在坚持两个不变即生产队体制不变、基本生产资料公有制不变的前提下，农田由生产队承包到户，生产资料如牲口、小型农具等分户管理使用，产品收入分配依据由工分制改为包干上交。即"保证国家的、留够集体的、剩余都是自己的"。尉氏县群众称为"大包干、不拐弯，不记工、早算账，收入多少心明亮"。① 这种分配方式不仅考虑到国家、集体、社员三者利益，也能够体现多劳多得的分配思想。不少生产队实行这种方式后，变化很大，效果显著。粮食产量，经济收入一季翻番一年翻身，成倍增长。群众满意地说："一年有饭吃，二年卖余粮，三年盖上新瓦房。"② 包干到户责任制不仅适用于生产力水平和管理水平低、经济贫困的"三靠队"，而且也逐步适用于一般水平的中间队。该责任制形式优点在于生产管理和劳动计酬分配办法简便易行，克服工分不平衡，简化分配手续，适合部分社员群众的思想觉悟和干部管理水平。然而，就多数生产队来说，还存在不少问题：一是统一经营的项目少，特别是统一浇水、统一种植，有的根本统不起来，导致集体经济不能充分发挥优越性；二是责任田多数是按人头承包，结果造成有劳动力和无劳动力的收入悬殊过大，甚至出现荒芜耕地，完不

---

① 中共尉氏县委《关于农业生产责任制稳定和完善的意见》，1982 年 1 月 4 日至 1982 年 11 月 15 日，尉氏县档案馆藏，全宗号 1 案卷号 361，第 7 页。

② 中共尉氏县委《关于农业生产责任制稳定和完善的意见》，1982 年 1 月 4 日至 1982 年 11 月 15 日，尉氏县档案馆藏，全宗号 1 案卷号 361，第 8 页。

成定交任务，影响集体积累和社员生产情绪；三是社员个人经营生产，集体化思想淡薄，种植自由化，干部不好管理，集体少积累。①

形式三：统一经营，联产到劳，口粮包干，定额上交。坚持生产队统一经营，实行"三不变""四统一"，责任田承包到劳力，充分发挥了两个积极性，在搞好生产的基础上，吸收了包干到户由工分分配改为产品直接分配，具有简化手续、易于落实、便于管理的优点，同时也相应地克服了这两种责任制的缺点和不足。其中，统一经营、联产到劳是生产管理形式，口粮包干、定额上交是分配办法，该责任制的主要内容和做法是：口粮田，按在队现有人口分配，一般占耕地的30%左右，以中等地为宜，主要是保住全年口粮，口粮田归户经营，生产队根据条件，尽量从耕种、浇水、植保等方面给予支持，除上交农业税款外，所有产品全部归户，人口增减，由责任田减少或增加上交任务调整解决。

生产队与承包责任田的农户签订合同，对社员上缴部分，一般不计工分，不搞统一分配，以产品上缴后的剩余部分，直接作为劳动报酬（一般占收入的60%~70%）。上缴粮款，除交国家任务、归还欠贷款和各项补助外，剩余部分主要是搞农田基本建设、扩大再生产和必要的公共积累。也有些生产队按上缴粮款记工分，拿出一部分再搞分配。对从事林、牧、副、渔等各业人员，实行专业承包，建立专业组、专业户、专业工，收入比例分成或包干上交。实践证明，该责任制形式效果较好，干群满意。广大农民群众评价："在生产上，口粮责任田，劳多劳少都喜欢，劳

---

① 中共尉氏县委《关于农业生产责任制稳定和完善的意见》，1982年1月4日至1982年11月15日，尉氏县档案馆藏，全宗号1案卷号361，第8-9页。

力多的多种地，劳力少的不作难。"① 在分配上，只要完成上交任务，不搞工分清理，不算口粮分配账。这不仅挖掘了土地、劳动力等生产要素的潜力，而且还解决了不少分配上的矛盾，稳定和完善了联产到劳、包干到户等各种形式的生产责任制。

三、农业生产责任制的产权界定

在农业生产责任制探索实践过程中，尉氏县认真研究和总结实践中出现的新情况、新问题。一方面，农地流转坚持社会主义集体化方向和土地等基本生产资料公有；另一方面，农业集体经济实行生产责任制，按照权责明晰、效率优先的原则，努力改进和完善各种类型的农业生产责任制。

实行大包干的生产队，基于产权视角要解决好土地、集体财产所有权与农户承包经营权有机统一，理顺生产分配关系：①土地。社员承包的责任田，只有种植权，没有所有权，不准出租、买卖、转让、弃耕和雇工耕种，不准建房、墓葬、挖土、烧窑，不准破坏水利设施，违者，经教育不改，土地予以收回并赔偿经济损失。②集体财产（主要包括房屋、仓库、大中型农机具）。不能拆散平分，不能废弃不用，严肃处理损害集体经济的行为。③搞好"四统一"。根据集体力量的可能性，统一的生产项目要酌情掌握，能统的要尽量统起来。随着生产的发展，逐步增加一些公共积累和统一经营成分。④在分配上，要摆正三者关系。在正常年景下，要保证完成上交提留任务，在解决温饱问题的同时，适当扩大集体提留，壮大

---

① 中共尉氏县委《关于农业生产责任制稳定和完善的意见》，1982年1月4日至1982年11月15日，尉氏县档案馆藏，全宗号1案卷号361，第10-11页。

集体经济。①

实行"统一经营，联产到劳，五定一奖"的生产队，除解决好"大包干"中有关问题外，主要解决分配上的"工分悬殊，多劳不多得"的问题。采取的措施主要有：适当减少各专业人员工分，除解决"三多一过重"（非生产人员多，非生产用工多，非生产开支多，农民负担过重）问题外，对干部的报酬采取定额补贴的办法，对专业人员的报酬，采取保本经营、定额上缴和定额补贴的办法；根据情况，在分配上可改为"口粮包干、定额上交"的办法。②

实行"统一经营，联产到劳，口粮包干，定额上交"的生产队。一是要把需要的定额上交任务按责任田面积或产量尽快落实到户，通过签订合同的方式明确上交国家、集体提留、个人留存的分配比例，做到权责明晰。二是生产队对集体提留的粮款用途，应使群众拥有知情权，并保证专款专用，按计划实施。

关于土地产权调整问题，尉氏县委根据实际情况做出调整：凡是实行联产责任制，土地已经承包到户的，一般不要大动，有些生产队土地承包过于零碎，搭配又不合理，群众有要求而影响生产的，可以适当调整；对其他形式的责任制，现在愿意实行口粮田、责任田的，可在原承包土地的基础上，按照规定减去口粮田部分，余下为责任田，对承包责任田过多种不了、种不好的户，可以自愿协商退出部分或全部，调给劳力多的户，以

---

① 中共尉氏县委《关于农业生产责任制稳定和完善的意见》，1982 年 1 月 4 日至 1982 年 11 月 15 日，尉氏县档案馆藏，全宗号 1 案卷号 361，第 10 页。

② 中共尉氏县委《关于农业生产责任制稳定和完善的意见》，1982 年 1 月 4 日至 1982 年 11 月 15 日，尉氏县档案馆藏，全宗号 1 案卷号 361，第 11 页。

充分挖掘劳动力、土地潜力。①

综合分析，从产权角度看，尉氏县家庭联产承包责任制以农户或小组为承包单位，对微观要素生产效率的充分发挥、农村集体经济的发展具有积极意义，主要表现为：第一，联产承包责任制进一步释放农民生产经营自主权，充分体现农村小规模经营优势；第二，有助于缓解生产管理过分集中、劳动"大呼隆"和平均主义的负面影响，有利于借鉴已有合作化经营经验。既保持了土地等微观生产资料的公有制属性和统一经营管理职能，又进一步解放和发展农村生产力。通过建立健全承包合同制，尉氏县充分平衡国家对农产品的收购需求与农民生产资料、生活资料有效供给，进一步完善农村承包生产责任制，有利于正确处理农地承包过程中国家、集体、个人三方产权关系。

第二节　第一轮土地承包到期后再延长 30 年

党的十一届三中全会以来，尉氏县农村普遍实行了家庭联产承包责任制。1984 年底，经过几年的不断实践完善，农村家庭联产承包责任制产权界定与实施趋于稳定。为帮助农民在家庭经营的基础上进一步扩大生产规模、鼓励增加投资、培养地力，实行集约经营，提高经济效益，促进农业生产的尽快发展。根据《中共中央关于一九八四年农村工作的通知》

---

① 中共尉氏县委《关于农业生产责任制稳定和完善的意见》，1982 年 1 月 4 日至 1982 年 11 月 15 日，尉氏县档案馆藏，全宗号 1 案卷号 361，第 12–13 页。

精神，尉氏县委就农村家庭联产承包责任制实施推行情况进行经验总结。

坚持土地归集体所有，按生产任务承包到户。承包户在国家计划指导和集体统一组织领导下，对所承包土地有种植、管理权。不准买卖、不准出租、不准盖房或作其他非农业用地。同时，必须按照合同完成国家、集体规定的粮、棉、油、款等一切上交任务。否则，经批评教育不改者，集体有权给予经济处罚或收回承包的土地。[①] 关于土地承包分类期限：如果是责任田、口粮田，土地承包期一般大于 15 年；对于生产周期长和开发性项目，如果树、林木、荒地等承包期限应适当延长；但对少量的机动田（经济田）可根据需要，2~3 年适当调整。几年来，通过生产责任制的不断充实和完善，土地承包过于零碎问题经过多次调整，已基本解决。凡是已经做过调整的村队，原则上不变动，对个别一直没有进行土地调整而又确实存在地段过于零碎、群众迫切要求合理解决的，应由村队写申请，经乡、镇审查，报县批准。在土地承包有效期内，任何单位和个人无权私自动用。如确因国家建设征地需要，须经县以上人民政府批准。农田基本建设或个人要求变动时，须经民主协商，并报上级批准。[②]

针对农民在生产过程中投入的农地管理费用，可以通过协商给予农民合理的补偿。例如，确定土地等级并估价，在土地经营权转移时进行作价补偿。而对于因盲目破坏性经营而造成地力下降的情况，也应给予农户合理的补偿。为了保证土地联产承包责任制以及县委《关于农村土地承包几个问题的通知》精神的贯彻落实，由尉氏县人民政府统一制发了"承

---

① 中共尉氏县委《关于农村土地承包几个问题的通知》，1984 年 1 月 5 日至 1984 年 8 月 24 日，尉氏县档案馆藏，全宗号 1 案卷号 381，第 2 页。

② 中共尉氏县委《关于农村土地承包几个问题的通知》，1984 年 1 月 5 日至 1984 年 8 月 24 日，尉氏县档案馆藏，全宗号 1 案卷号 381，第 3 页。

包土地证"，以便进一步明晰土地家庭承包经营权内容和期限，尽快稳定人心，促进三方权利主体和谐共赢。[1]

尉氏县家庭联产承包责任制的建立和发展打破了人民公社时期土地所有权、承包权和经营权"三权合一"的格局，微观效率得到提升，产权关系进一步明晰。

一、土地家庭承包经营权内容完整化

1986 年制定并颁布的《中华人民共和国民法通则》，首次以立法形式确立农民承包经营权。在尉氏县家庭承包经济发展的实践过程中，土地家庭承包经营权内容由不完整、不充分逐渐趋向系统化、完整化。

（一）土地家庭承包经营权内容不完整阶段

尉氏县在家庭承包经济发展的实践中，以历次党中央、国务院关于农村工作的政策以及省、地方性文件为指导，家庭承包经营权的内容在实践中得以完善。

1984 年 1 月，中共尉氏县委《关于农村土地承包几个问题的通知》指出，土地所有权归集体所有，按生产任务承包到户，承包户在国家计划指导和集体统一组织领导下，对所承包土地有种植、管理权。[2]除家庭承包经营权外，尉氏县委创新性地对土地使用权依法有偿转让进行规定。此后，国家有关部门和地方政府对农村土地家庭承包经营权内容又进行了扩充完善，对诸如土地占有权、转让权、收益权、租佃权、处分权、继承

---

①②　中共尉氏县委《关于农村土地承包几个问题的通知》，1984 年 1 月 5 日至 1984 年 8 月 24 日，尉氏县档案馆藏，全宗号 1 案卷号 381，第 3 页。

权、抵押权等进行界定。这其中许多权利和家庭承包经营权具有相辅相成、相互支撑的紧密联系，从制度层面为家庭承包经营权顺利运作提供支撑，但长期在中央文件和政策法规中没有得以明确体现。家庭承包经营权内容不完整性还体现在相关衍生权利不匹配、不完整，家庭承包经营权作为集体土地使用权的实现形式，可以衍生出耕地转让、出租、收益等权利，而在尉氏县家庭承包长期实践过程和政府性文件中，实质上只存在耕作权、部分收益权和十分有限的处分权。尉氏县农村土地家庭承包经营权内容不充分、不完整不利于农地产权制度的明晰化，具体表现为：一方面，家庭承包经营权内容不充分、不完整不利于承包农户充分行使自身权利与农业生产积极性的有效发挥；另一方面，家庭承包经营权内容不充分、不完整导致土地使用随意性和农地流转障碍，最终对农民集体和承包农户的合法权益造成不同程度的损害，有悖于两权分置的初衷。

（二）基于承包合同的土地承包经营权软约束

从权利实施角度看，农村土地承包经营权内容不完整，原因在于承包经营权是基于承包合同而产生，签订承包合同双方只是相互之间约定的权利而不是法定权利，由于承包合同存在软约束，农地承包经营权缺乏有效的法律层面界定。尉氏县委《关于农村土地承包几个问题的通知》中提出承包户应该按照承包合同的约定履行国家、集体规定的上交义务，同时拥有获得农地投资补偿的权利。① 由于农村土地承包合同内容不规范，随意变更承包合同条款的现象在尉氏县农村生产过程中时有发生，有些承包

---

① 中共尉氏县委《关于农村经济工作会议：典型材料》，1985 年 2 月 11 日至 1985 年 9 月 18 日，尉氏县档案馆藏，全宗号 1 案卷号 398，第 7-9 页。

合同只是口头约定，有些虽然签订了书面合同，但合同中对产权问题的界定只是作了原则性规定，缺乏现实可操作性，由于农村土地承包经营权不明晰而发生侵权的事情屡见不鲜。同时，农村土地承包合同是独立于第三方的双方当事人签订建立的契约关系，隐含于承包关系的土地权益缺乏第三方监管。尉氏县土地承包实践过程表明：基于承包合同的土地承包经营权缺乏法律执行力，承包户土地权益得不到充分保障。①

（三）土地承包经营权内容进一步充实完整

随着 1998 年《中华人民共和国土地管理法》进一步修订，2002 年《中华人民共和国农村土地承包法》出台，农村土地承包经营权在顶层设计制度层面得以进一步充实完整。通过对这一时期尉氏县农地承包经营权相关内容的梳理，尉氏县土地承包经营权利束包括：

（1）法定承包权。1989 年 2 月 19 日，尉氏县委、县政府通过对土地承包责任制实施的阶段性总结，认为随着商品经济和农业现代化建设的发展，承包责任制在实践过程中遇到许多新矛盾、新问题，突出表现在统与分、宏观调控与分散经营、"要与给"等方面。由于这些问题的存在和发展，给进一步深化农村改革和农业生产发展带来不利影响，使全县农业生产出现了徘徊局面。为扭转该局面，尉氏县委、县政府决定从 1989 年起，在农业生产中试行双向责任承包制。②

（2）占有权。占有权作为基础性权利，是农地承包经营者获取使用权、收益权的基础。在农地合法承包期限内，承包经营者可以通过转包、

---

① 高元禄：《中国农村土地产权问题研究》，吉林大学博士学位论文，2007 年。
② 中共尉氏县委《关于农业生产试行双向责任承包制的意见》，1989 年 2 月至 1989 年 8 月，尉氏县档案馆藏，全宗号 1 案卷号 435，第 12—15 页。

出租或抵押的方式，分别在受让人、承租人、抵押人和承包经营权人之间进行权利分割。

（3）农地经营权。农地经营权以农地承包权为载体基础、以农地使用权为主要内容，顺应土地生产要素自然属性，按照承包合同所规定的农地用途和经营方式合理使用农地权利。土地承包权的实现也就自然享有土地经营权。尉氏县委1984年《关于农村土地承包几个问题的通知》规定：依据生产任务承包到户，承包户在国家计划指导和集体统一组织领导下，对所承包土地有种植、管理权。[1]

（4）农地收益权。农地收益权即农地承包经营者在依法取得农地承包权并进行农业生产经营，依法取得土地产品收益的所有权。

（5）土地转包、转让权。土地转包、转让权作为土地承包经营者的一项财产权利，其实质是农民在合法经营期限内，由于主客观原因放弃耕种，或转营他业而选择不包或少包农地的，允许把农地委托给村集体统一安置，或者经村集体同意，农户通过自找承包经营户协商转包，但不能擅自改变农地用途和合同条款。粮食统购统销制度下，可适当允许承包方为出包方提供一定数量的平价口粮。[2]

（6）农地入股权。农地入股权是指农地承包经营者在承包期内通过将土地作为股份入股经营，其实践是把农地承包经营权量化为股份，用以出资并进行土地股份合作，进而获得分红。

（7）土地抵押权。以土地占有权为基础，尉氏县农地承包经营者有

---

① 中共尉氏县委《关于农村土地承包几个问题的通知》，1984年1月5日至1984年8月24日，尉氏县档案馆藏，全宗号1案卷号381，第4页。

② 中共尉氏县委《关于农村土地承包几个问题的通知》，1984年1月5日至1984年8月24日，尉氏县档案馆藏，全宗号1案卷号381，第5页。

权在法律允许范围内将农地承包经营权作为抵押担保。

（8）优先承包经营权。农村集体经济组织的农民在土地转包、转让过程中相互之间享有优先受让的资格。

（9）继承权。继承人或受遗赠人有权继承农地承包经营权并相应承担土地使用的法定义务。①

综上，农村土地承包经营权内容在法律层面不断充实完整化，为土地承包经营权物权化创造有利条件。

二、土地家庭承包经营权期限长久化

1997 年 8 月 27 日，《中共中央办公厅、国务院办公厅关于进一步稳定和完善农村土地承包关系的通知》对农地承包经营期限做出规定："在第一轮土地承包即将到期之前，土地承包期限再延长 30 年不变。"即 1998 年新一轮土地承包，期限一直到 2028 年。尉氏县结合实际，采取系列措施，确保农地承包经营权期限长久稳定。

（一）土地家庭承包经营权期限长久化的必要性

农地家庭承包经营权期限长久化的内涵就是确保农户农地承包期长期稳定，至少 50 年不变，保证两代人能够收回投资。根据各国农业发展经验，农地承包使用权期限长短与农地利用率高低成正比。历史实践证明，尉氏县农村经济发展主要依靠农业投资，提高农地产出效率，从而保障农产品的有效供给和农民收入的稳定增长。中国长期处于社会主义初级阶

---

① 刘书楷、曲福田：《土地经济学》，中国农业出版社 2004 年版，第 295-296 页。

段，由农村生产力发展的状况所决定，充分调动农户对土地长期投资积极性，对尉氏县农村经济发展具有重要意义。

尉氏县农地第二轮延包是针对第一轮农村土地承包而言的，中共中央《关于一九八四年农村工作的通知》提出：土地承包期一般应在十五年以上，生产周期长的和开发性的项目承包期应该更长一些。① 尉氏县深入贯彻农地承包期限文件精神，将农地承包期确定为 15 年，即"第一轮土地承包"。1993 年的《关于当前农业和农村经济发展的若干政策措施》指出："为稳定农地承包关系，鼓励农民增加投入，提高土地生产率，在原定耕地承包到期后，再延长 30 年不变。"② 此后，尉氏县便陆续开展了延长土地承包工作。1998 年党的十五届三中全会通过的《中共中央关于农业和农村工作若干重大问题的决定》提出："要坚定不移地贯彻土地承包期再延长三十年的政策，同时要抓紧制定确保农村土地承包关系长期稳定的法律法规，赋予农民长期而有保障的土地使用权。"③ 全国迅速开展了延包工作，这就是通常所说的 1998 年二轮延包。《中华人民共和国农村土地承包法》由中华人民共和国第九届全国人民代表大会常务委员会第二十九次会议于 2002 年 8 月 29 日通过，自 2003 年 3 月 1 日起施行。2004 年全国大部分省份开始实行依法完善农村土地二轮延包工作，其承包期还是延用 1998 年的期限，在重新填发农村土地经营权证时，承包期基本上都是到 2028 年底。2008 年党的十七届三中全会通过的《中共中央关于推进农村改革发展若干重大问题的决定》指出："赋予农民更加充分而有保障的土地承包经营权，现有土地承包关系要保持稳定并长久不变。"可以

---

① 《中共中央关于一九八四年农村工作的通知》，《人民日报》1984 年 6 月 12 日。
② 《关于当前农业和农村经济发展的若干政策措施》，《人民日报》1993 年 11 月 5 日。
③ 《关于农业和农村工作若干重大问题的决定》，《人民日报》1998 年 10 月 14 日。

看出，土地承包期还将延长。

1999 年 4 月 3 日，中共尉氏县委、尉氏县人民政府《关于切实做好 1991 年农业和农村工作意见》文件中指出："党的农村政策在个别乡村不能落实或者落实得不够好，是增加农村不稳定因素的一个重要原因。要抓好土地延包后续完善工作，保证在 1999 年全面完成土地延包。"在此基础上，需要进一步理清并准确把握延长土地承包期限的内涵：第一，必须明确家庭土地承包经营期限。第一轮土地承包到期后，承包期再延长 30 年，农村集体土地仍然长期实行家庭联产承包制度。第二，土地承包期再延长 30 年，以第一轮土地承包为基础。尉氏县在开展农地延包期限工作中，农户原有的承包土地保持基本稳定，杜绝原有承包地重新发包或模糊原生产队土地所有权边界。"搞好核实复查，坚决纠正随意缩短承包期、多留机动地、提高承包费等错误做法，进一步健全制度，实行规范管理，确保农村土地承包关系长期稳定。"①

（二）土地家庭承包经营权长久化的多种实现形式

根据 1999 年中央一号文件关于土地家庭承包经营权的通知精神，从尉氏县深入贯彻农地家庭承包经营权长期性实践看，土地家庭承包经营权长久化可以有多种实现形式。

第一，对于已经开展"土地承包三十年不变"的各乡（镇），根据广大农民群众的意愿，根据实际情况与实施条件，应当允许在 30 年不变的

---

① 中共尉氏县委、尉氏县人民政府《关于切实做好 1991 年农业和农村工作意见》，1991 年 1 月至 1991 年 7 月，尉氏县档案馆藏，全宗号 1 案卷号 436，第 7 页。

基础上再延长相应土地承包期。①

第二，根据中央相关土地承包经营政策，尉氏县在土地承包经营实践中可以允许不同类型的土地试行不同的承包期限。按照基本农田、耕地、山坡地、"四荒"地等不同类型土地性质，分别实施不同的使用承包期限，目的在于给农民投资经营土地定心丸，保持农民对土地进行长期投资经营的积极性。②

第三，在延长农村土地承包经营权基础上，尉氏县根据地区生产力水平和贫困程度，允许不同地区、乡镇实行不同的土地经营承包期限。对于农村生产力水平较落后、相对贫困的地区需要实施更长的土地经营承包期限，因为保障土地产权对相对贫困地区的农民更具现实意义。土地作为最重要的生产要素，也是最基本的生活保障。在相对贫困地区实行更长的土地家庭承包经营权期限，能够得到广大农户的拥护和支持，也有利于调动农民土地经营和投资积极性，形成农村经济发展和社会稳定的基础。③

综上，尉氏县土地家庭承包经营权长久化多种实现形式的创新实践，一方面，有利于稳定农村土地承包经营权，避免农村土地承包权的频繁调整，影响农民对农业生产投入的积极性；另一方面，延长土地承包期限，有利于提升农地流转效率，如果土地承包经营权频繁变动，不利于农地流转利用。

---

① 中共尉氏县委、尉氏县人民政府《关于贯彻落实上级有关文件精神，切实加强土地管理和耕地保护的实施意见》，1999年1月至1999年12月，尉氏县档案馆藏，全宗号1案卷号536，第5-8页。

② 中共尉氏县委、尉氏县人民政府《关于贯彻落实上级有关文件精神，切实加强土地管理和耕地保护的实施意见》，1999年1月至1999年12月，尉氏县档案馆藏，全宗号1案卷号536，第12页。

③ 王景新：《中国农村土地制度的世纪变革》，中国经济出版社2001年版，第84-85页。

（三）土地家庭承包经营权长久化与所有权的辩证关系

自实行农地家庭承包经营以来，农地集体所有权与农户承包经营权实现了"两权分置"。两权分置的核心在于按照人口平均承包、农户经营为特征的产权制度设计，保障各个农户基本生存发展权利，兼顾效率和公平。尉氏县在农地产权制度演化过程中，坚持农村土地集体所有权，最大限度放活土地承包经营权，正确处理农地家庭承包经营权和所有权辩证关系。

1. 土地归集体所有，按生产任务承包到户

尉氏县在农地家庭承包经营实践中，进一步深化改革、完善家庭联产承包责任制产权机制，切实加强土地管理，提高土地生产、使用效率，创新多种形式土地承包经营方式，但始终坚持农村土地归集体所有、按生产任务承包到户的基本产权关系。

（1）改进土地承包办法，提倡实行"两田制"。根据外地经验和尉氏县少数村、组的试点，为了有利于承包地块的相对稳定，充分发挥土地效益，壮大集体经济，完善统分结合的双层经营体制，适当改进土地承包办法，在有条件的村、组提倡实行"两田制"。

所谓"两田制"，即口粮田和承包田。口粮田面积以占耕地面积50%左右为宜，主要用于保证农业人口的基本生活用粮，按合法人口划分，只负担农业税和直接为其服务的费用；承包田负担国家粮油订购任务，乡、村统筹费和提留款等。实行"两田制"的好处体现在：一是农户人口自然增减后，采取"动账不动地，两田互补"的办法，这样可以随时调解矛盾，减少在大范围内经常调整土地。二是务工经商户或实力较弱的农

户，可以只种"口粮田"，不包或少包"承包田"，这不仅能够促进二三产业发展，也有利于农地高效流动，促进农地适当向种田能手集中，有利于提高亩产量和亩规模效益。①

（2）农业生产试行双向责任承包制。随着商品经济和农业现代化建设的发展，新形势下的农村工作遇到许多新问题，突出表现在统与分、宏观调控与分散经营、"要与给"等方面，这些问题的存在和发展，给进一步深化农村改革和农业生产的发展带来了不利影响，使尉氏县农业生产出现了徘徊的局面。为了扭转这种局面，县委、县政府决定：从1989年起在农业生产中试行双向责任承包制。在1989年对全县20万亩玉米、2万亩烟叶和永兴、大桥两个乡的玉米、棉花生产首先实行双向责任承包。②尉氏县双向承包责任制以高产开发为奋斗目标，以科技投入为主要手段，以完善服务体系为保证措施，解决农业徘徊，促进农业生产再上新台阶；双向承包责任制的内容为自上而下逐级承包技术、种子、化肥、农药、农膜、柴油、电力、资金等方面的供应和服务，自下而上逐级承包农作物种植面积、产量、订购任务、农业税和集体提留等经济指标，并接受技术指导，积极开展先进技术示范和应用。在双向责任承包制中，上、下级之间完全处于逆向平行和相互平等关系。双方责、权、利用合同形式规定下来，超奖减罚，按时兑现。③

尉氏县农村土地承包不论采取"两田制"还是双向责任承包制，都

---

① 中共尉氏县委、尉氏县人民政府《关于完善家庭联产承包责任制，加强土地管理的意见》，1991年1月至1991年12月，尉氏县档案馆藏，全宗号1案卷号431，第46-49页。
② 中共尉氏县委、尉氏县人民政府《关于农业生产试行双向责任承包制的意见》，1989年2月至1989年8月，尉氏县档案馆藏，全宗号1案卷号435，第12-15页。
③ 中共尉氏县委、尉氏县人民政府《关于农业生产试行双向责任承包制的意见》，1989年2月至1989年8月，尉氏县档案馆藏，全宗号1案卷号435，第16页。

不改变土地集体所有权和承包经营权之间的关系，不改变土地承包关系，在稳定和发展家庭经营的基础上，通过合同形式，把各行各业及各类服务组织的服务功能凝聚起来，从而"硬化"各方面为农业提供有效服务的责任，充分调动农民经营土地和各部门为农业服务的积极性，实现农业在较大环节上的规模经营，以取得较高规模经济效益。

2. 土地承包经营权长久化不会改变所有权

土地承包经营使用权长期化是否会造成土地所有权名义化？本书认为：土地家庭承包经营期限再长也不会最终改变农村土地集体所有权。尉氏县农地承包经营期限可归结为有期限和无期限两种类型：类型一，国有土地出让，其承包使用权期限分别为 20 年、40 年、50 年、70 年不变，城镇居民的宅基地使用权期限没有明确限制；类型二，对于承包集体的耕地（非耕地）获得的使用权期限有 30 年、50 年、70 年不变，而农民宅基地的使用权却是无期限的。从尉氏县农地承包经营权长期化实践看，不同类型土地家庭承包经营权不论期限长短，经营使用权都不会造成对土地所有权的侵害，不同用途土地都具有国家和集体所有属性。总之，农地承包经营权延长不会改变农地集体所有权属性，土地家庭承包经营权长期化不同于土地所有权私有化。①

三、农村土地家庭承包经营权性质物权化

随着农村家庭承包经营经济的不断发展，从内容上看，农村土地家庭承包经营权不断充实完善，由单一的耕作权拓展为占有、使用、收益、处

---

① 邵彦敏：《中国农村土地制度研究》，吉林大学博士学位论文，2006 年。

分"四权统一"的承包经营权。在农村土地家庭承包经营内容不断完善背景下，土地家庭承包经营权的属性究竟是债权还是物权？国内外学术界和立法过程中存在不同的观点。观点一：农民如果获得了长久的家庭承包经营物权，会不会架空或瓦解集体经济组织所有权？观点二：土地承包经营物权可以抵押贷款，当农户经营出现困难破产后银行收回土地使用权，农民将失去基本生存条件。观点三：国有或公有企业内部承包经营债权与农户承包经营物权将如何区分界定？

本书研究认为，农村土地家庭承包经营权不仅具有直接占有、使用和收益的权利，而且包括部分处分权，在本质上属于物权范畴。根据《中华人民共和国物权法》相关规定：物权是直接支配物并享受其利益的财产权，具体而言，物权是指权利人对于物所享有的直接占有、使用和收益的权利。从表面看，农村土地发包和承包是一种契约关系（债权关系），农村土地家庭承包经营权受发包和承包双方契约约束；从本质上看，家庭承包经营权具有法律属性，由相关政策和法律顶层设计决定，超越了契约关系（债权关系），体现了物权法定原则。农民集体是农村土地的所有者，每个农民是农民集体的一个成员，土地家庭承包经营权实质上体现了这种特殊主客体关系所决定的物权关系。因此，土地家庭承包经营权物权化不仅使土地承包经营权获得法律的保护，而且集体土地所有权可以更加稳固。[1] 物权法定是物权制度的基本属性。物权法定是指物权的种类和内容由法律统一确定，不以当事人的意志自由为转移。早在欧洲资产阶级革命时期，各国对土地制度就进行了深刻的改革，其主要内容是稳定土地权

---

① 钱忠好等：《中国农村土地产权制度变迁和创新研究》，中国农业出版社2010年版，第107—118页。

利。随后，各国民法都将土地权利以法律形式固定下来，并且确立了土地权利由法律直接规定、当事人不得自行决定的物权法理念。因此，土地承包经营权是由法律做出的强行性规定。

四、两权分置与农村土地产权边界

"两权分置"在尉氏县的成功实践是对"两权合于农民"和"两权合于集体"的创新发展，其进步性主要体现在农地产权边界的清晰确定和权利束划分。

（一）农地集体所有权特征和边界

1. 农地集体所有权的基本特征

尉氏县农地集体所有权可以概括为"集体所有、农户经营"，农地所有权性质依然是集体所有制。其中"集体所有"重在强调农户对承包农地只有管理权、使用权，没有处置权、所有权。该权利特征意味着农户对农地不得买卖、出租，不得私自改变农地用途，如在农村集体耕地（自留地）建造房屋等。此外，农民集体土地所有权的收益主要是指村集体（村民小组）依托农地所有权所获取的收益，具体包括农地承包户给村集体组织缴纳的农地使用费和政府给予的征地补偿费。

2. 农地集体所有权的局限性

尉氏县农地集体所有权的局限性主要表现在两个方面：一是所有权主体不明晰；二是处分权和收益权不到位。具体而言，尉氏县农地产权主体多样化导致农地所有权归属不清晰。尉氏县组织的调查结果显示：认同农地所有权归属行政村所有的比例为41.2%，认同农地所有权归村民小组所有的比例为 43.9%，认同农地所有权归行政村和村民小组共同所有的比例为 12.7%，认同所有权归其他组织的比例为 2.2%。[①]

（二）农地家庭承包经营权特征和边界

实施"两权分置"制度后，农地产权关系内容进一步丰富。农地所有权仍归集体所有，农户（家庭）享有承包经营权，可以进一步分离为农地占有权、农地使用权和部分农地收益权。此外，承包集体土地的家庭可以依法、有偿地向其他农户、集体和企业流转土地承包经营权。尉氏县农地家庭承包经营收益权有多种实现形式：一是"交够国家的，留足集体的，剩下的都是自己的"收益分配模式；二是农地承包经营权流转的收益，是尉氏县农村改革深化过程中出现的一种收益形式。由于出现越来越多的进城务工和非农就业的现象，一些农民无法直接耕种土地，但又不愿意放弃土地承包经营权，于是出现了转包、出租、转让、互换等各种承包经营权流转方式，进而衍生出多种承包经营权流转的收益实现形式。

（三）尉氏县土地家庭承包经营权的现状

尉氏县在稳定和完善农村经营体制、农村土地承包关系方面做了大量工作，但在农地承包经营权实践中仍存在一些问题，如在第一轮土地承包期中，承包经营合同不健全，甚至个别村组没有与农户签订合同，使土地承包管理工作不能正常开展，出现的土地纠纷无法妥善解决；有的地方耕地调整频繁，群众缺乏稳定感；有的地方违背群众意愿，强行推行"两

---

① 中共尉氏县委、尉氏县人民政府《关于进一步稳定和完善农村土地承包关系的通知》，1998年6月至1998年12月，尉氏县档案馆藏，全宗号86案卷号47，第12-14页。

田制"，或多留机动地，改变土地承包关系，提高土地承包费，加重农民负担等现象时有发生。[①]

综上，尉氏县土地家庭承包经营权存在的不确定性和不稳定性不利于农村的长期稳定和发展。首先，土地按人口平均分配影响农业生产发展。土地家庭承包经营权是农村社区人口平均享有的使用土地的权利，为了保证农民获得的土地不仅在数量上而且在质量上平等，不得不好坏搭配。这种耕地初始配置必然导致土地经营规模过小，地块分割细碎。尉氏县志统计资料显示：平均而言，每个农户农地经营规模约为 8.1 亩，被分割为7.42 块，每块土地面积约为 1.02 亩；1998 年每个农户仅耕种不足 7 亩，平均分为 4~5 块。[②] 耕地地块分散零碎不仅减少了耕地的有效利用面积，造成土地资源的浪费，而且直接制约土地产出效益。[③] 其次，土地家庭承包经营权不稳定制约生产长期投资。土地家庭承包经营权有两个特点：第一，每一个村民都要求对土地的平均使用；第二，当一个社区的人口因结婚、死亡、出生等发生变化时，就要求将土地在村民间进行再分配，以使新入村人口获得对土地的使用权。所以，在对待中央政府承包土地 30 年不变的政策上，农民的反应是矛盾的。土地使用权的稳定性和农民对土地的投资积极性呈正相关。尉氏县数据表明，1988~1993 年，每个农户花在农业投资上的比重只占其总收入的约 6%，1996~1999 年，尉氏县农户农业投资占总投资的比例分别为 84.8%、79.5%、62.1%、54.98%。[④]

---

① 中共尉氏县委、尉氏县人民政府《关于进一步稳定和完善农村土地承包关系的通知》，1998年 6 月至 1998 年 12 月，尉氏县档案馆藏，全宗号 86 案卷号 47，第 16 页。

② 中共尉氏县委、尉氏县人民政府《关于进一步稳定和完善农村土地承包关系的通知》，1998年 6 月至 1998 年 12 月，尉氏县档案馆藏，全宗号 86 案卷号 47，第 13 页。

③ 李明秋：《中国农村土地制度创新研究》，华中农业大学博士学位论文，2001 年。

④ 中共尉氏县委、尉氏县人民政府《关于进一步稳定和完善农村土地承包关系的通知》，1998年 6 月至 1998 年 12 月，尉氏县档案馆藏，全宗号 86 案卷号 47，第 17-18 页。

第三节　尉氏县两权分置农地产权制度实践与绩效

尉氏县实行农地集体所有权和农户承包经营权两权分置制度，集体所有制得以保留，家庭耕作制得以恢复，创新性地解决了公有制和生产效率之间的矛盾，进一步解放和发展了农村生产力。1998 年 6 月 22 日，中共尉氏县委、尉氏县人民政府《关于进一步稳定和完善农村土地承包关系的通知》进一步对两权分置制度进行实践指导，两权分置制度在尉氏县的实践充分释放了巨大的制度绩效。

一、两权分置农地产权制度实践

两权分置制度在尉氏县的实践具有产权制度演化特征，是在逐步适应生产力发展过程中逐渐演化的过程。改革开放初期，尉氏县为提高农民生产积极性、解决温饱问题，实行家庭联产承包责任制，将农地所有权和使用权归属分开，实现两权分置制度。农村土地集体所有权和农民土地承包经营权两权分置制度在尉氏县的确立经历了两权合于农民和两权合于集体两个阶段。尉氏县 1961 年农村粮食产量比 1957 年减少 30%，农村经济受到破坏。为扭转这一局面，1961 年 3 月，中共中央出台《农村人民公社工作条例（草案）》，也称"农业六十条"。随着经济社会发展，农地家庭联产承包责任制在本质上不断向农户经营制演化，充分体现家庭联产承包责任制的本质特征，在经历了"大包干"模式后，联产特征淡化，该时期农地经营方式更加符合家庭经营制特征。

（一）深刻理解稳定和完善两权分置制度的重大意义

两权分置制度在尉氏县实施过程中，尉氏县各乡镇党委、政府及有关部门认真贯彻落实党中央、国务院及省、市有关农村各项政策，在稳定和完善农村经营体制、农地所有权和承包经营权两权分置制度实践中做了大量工作，取得了较好成效。但在实际工作中，仍存在一些问题：个别乡镇在第一轮农地承包期中合同不健全，甚至个别村组没有与农户签订合同，使农地承包管理工作不能正常开展，出现的土地纠纷无法妥善解决；有的地方耕地频繁调整，农民群众缺乏稳定感；有的地方违背农民意愿强行推行"两田制"，或多留机动地，改变农地承包关系，提高土地承包费，间接加重了农民负担。上述问题的存在，不利于农村的长期稳定和发展。各乡镇党委、政府和广大农村干部群众要充分认识到：以家庭联产承包为主的责任制和统分结合的双层经营体制是我国农村经济的一项基本制度。保持这一制度的长期稳定，并在稳定的基础上不断完善农村土地承包关系，实行两权分置制度，是广大农民的强烈要求，也是党的农村政策的核心。尉氏县属于典型的农业县，在相当长的时期内，土地不仅是农民的基本生产资料，也是农民最主要的生活来源。①

做好稳定和完善农村土地承包关系和当前延长土地承包期工作，对进一步增强农村基本政策的稳定，调动农民增加投入及发展生产积极性具有重要意义。各乡镇党委、政府必须深刻领会稳定和完善农村土地承包关系

---

① 中共尉氏县委、尉氏县人民政府《关于进一步稳定和完善农村土地承包关系的通知》，1998年6月至1998年12月，尉氏县档案馆藏，全宗号86案卷号47，第21页。

以及延长农地承包工作的重大意义。把两权分置制度政策贯彻好、积极稳妥落实好。①

(二) 准确把握政策界限，认真做好延长土地承包期工作

尉氏县农村土地第一轮承包陆续到期后，根据中央、省、市的要求，各地在延长土地承包期、完善农地承包关系中要注意把握好以下几个政策界限。

第一，第一轮土地承包期满后，土地承包期再延长 30 年。其中营造的林地、果园和"四荒"（荒坡、荒地、荒滩、荒水）等开发性经营，承包期可延长至 50 年。涉及省以上重点工程建设用地，以及国家年度用地计划，可暂不延长承包期。土地承包期再延长 30 年，指的是土地承包经营的期限，家庭联产承包制度长期不变。

第二，延长土地承包期，实行大稳定小调整，前提是稳定。要使大多数农户原有的承包土地继续保持稳定。土地承包期未满的，要继续执行原承包合同，在原承包期满后再进行延长承包期工作。不得强行改变土地权属关系，不得随意打破原生产队土地所有权界限，在全村范围内平均承包。对原承包办法基本合理、群众基本满意的尽量保持原承包办法不变，直接延长承包期。因人口增减、耕地被合法占用等造成承包土地严重不均、群众意见较大的，按照土地权属关系，经村组 2/3 以上成员同意，报乡镇人民政府和县人民政府主管部门审批，在个别农户之间作局部小调整后，再延长承包期。解决地块零碎问题，一般不作统一调整，可在农户自

---

① 中共尉氏县委、尉氏县人民政府《关于进一步稳定和完善农村土地承包关系的通知》，1998 年 6 月至 1998 年 12 月，尉氏县档案馆藏，全宗号 86 案卷号 47，第 21-22 页。

愿基础上协商解决。在局部调整中要保护好林木、水利等生产资源和附属设施，同等条件下由原承包人优先承包；承包关系确需变更的，村、组应做好协调工作，本着物随地走、合理补偿的原则妥善解决。

第三，对经济林、苗圃、塑料大棚等开发性项目，合同期未满的，原则上不调整，如果承包人愿意调整的，可适当调整。承包合同到期，原承包人愿意继续承包的，同等条件下可优先承包。承包人变动的，原有林木及设施一律不准破坏，其承包经营权可依法有偿转让、转包、互换、入股。随着土地承包期延长，原有小型农田水利设施的使用权可以有偿拍卖、租赁或由个人、联户承包经营。

第四，对举家外迁、农转非人员及长期撂荒的耕地，要全部收回，重新发包。对户口虽转出但尚无收入来源的在校大中专学生、现役义务兵，保留其土地承包经营权。

第五，延长土地承包期工作结束后，村组要与农民正式签订承包合同，各乡镇农业主管部门要及时向农户颁发由市政府统一印制的土地承包经营权证书。

（三）认真整顿"两田制"，严格控制"机动地"面积，加强土地承包费管理

尉氏县个别乡镇几年前实行"两田制"，现在没有实行"两田制"的乡镇，今后也不再继续实施。对现存的"两田制"，必须按中央土地承包政策认真进行整顿。[①]

---

① 中共尉氏县委、尉氏县人民政府《关于进一步稳定和完善农村土地承包关系的通知》，1998年6月至1998年12月，尉氏县档案馆藏，全宗号86案卷号47，第37~38页。

综上，尉氏县农村集体土地承包经营权的流转，是家庭联产承包责任制的延续和发展，尉氏县在实践过程中积累了富有成果的两权分置制度实践经验。

二、两权分置农地产权制度绩效

经过两权分置制度改革实践，受益于农地集体所有权和农户承包经营权分离，尉氏县农村生产力有了较大提升，农地生产效率得到提高。两权分置制度释放出较大的制度红利和制度绩效，具体表现在：一是尉氏县农业生产全面持续稳定发展，农村生产关系得以理顺进而有力促进农村生产力的发展；二是尉氏县乡镇企业发展迅速，第二产业产值增加；三是政府财政收入进一步好转；四是人民生活水平得到进一步提高。两权分置制度在尉氏县的成功实践表明农村人民公社"政社合一"体制实质性消亡。

（一）农业生产全面持续稳定发展

自实行两权分置家庭承包制后，尉氏县种植业取得辉煌成就，大大超过了中华人民共和国成立以来的各个时期。1985 年全县工农业总产值完成 5.3 亿元，比 1984 年增加 1.1 亿元，增长 26.2%，其中农业总产值达到 2.62 亿元。其中南曹和邢庄两个乡有较大幅度增长，分别比 1984 年增长 23%和 15%。全县社员人均收入 533.7 元，比 1984 年增长 15.6%，人均纯收入达 345.6 元，比 1984 年增长 7%。1982~1985 年，尉氏县全县粮食总产量连续四年突破 3 亿斤大关。1984 年粮食总产量 33455.79 万斤，为历史最高水平。[1]

(二) 乡镇企业再次翻番，产值突破 2.5 亿元大关

尉氏县乡镇企业在 "十六字" 方针指引下进行了大胆改革，推行 "一包三改"，调动各方面的积极性，增强了企业活力，出现了前所未有的好形势。截至 1985 年底，全县共办乡镇企业 (五级) 18015 个，比 1984 年增加 9167 个，增加 103.6%。务工劳力达到 80000 多人，完成产值 2.5 亿元，比 1984 年增加 1.2 亿元，增长近 1 倍，实现利税 2000 多万元。全县出现了 15 个产值超千万元的乡镇。其中，蔡庄乡超过 3000 万元，永兴、大桥等乡超过了 2000 万元。

(三) 财政状况明显好转

1984 年，尉氏县全面实行财政包干，建立了乡财政。推进财政、税利改革，控制支出，开源节流，财政收入显著好转。到 1985 年底，财政收入达到 1014 万元，创历史最好水平，基本做到收支平衡。全县 7 个乡镇和县直 8 个单位产额完成了上级下达的税收计划。商业、贸易方面也取得较好开局，1985 年社会商品零售总额实现 1.4833 亿元，是历史上最好一年；外贸出口总额达到 1046 万元。

(四) 人民生活水平有了显著提高

随着农村生产力的发展，尉氏县人民的生活水平有了显著改善提高。

---

[1]　尉氏县地方史志编纂委员会：《尉氏县志 (1986-2004)》，中州古籍出版社 2015 年版，第 112-119 页。

1985 年进一步调整产业结构，在扩大粮食种植面积、经济作物面积相对减少的情况下，纯农业收入虽然有所减少，但由于大力发展畜牧养殖业和第三产业，农民实际人均收入仍高于上一年，1985 年全县人均收入比 1984 年多 20 多元。从 1982 年起，全县粮食总产量连续四年保持在 3 亿斤以上，农民口粮普遍增多，1985 年农民人均纯收入为 368 元，以 1978 年 130 元为基数，增长 1.8 倍，平均每年递增 16%。[①]

本章小结

两权合于集体的农地产权制度导致了农业生产效率低下，农民生活贫困，农村社会矛盾激化的问题。改革开放以来，中共中央意识到农村土地制度中存在的问题，开始探索新的土地管理方式，进一步改善农民土地经营权益，以推动农村经济的发展。

两权分置制度下的家庭联产承包责任制是对两权合于集体的农地产权制度的革新，家庭联产承包责任制将土地的所有权与承包经营权分离开来，土地所有权与处分权仍归集体所有，但农民拥有了对土地的经营权与收益权。家庭联产承包责任制将土地集体所有权转化为家庭承包经营权，农户自负盈亏，享有土地承包的收益和自主经营的权利。农户之间可以通过联产联销等方式合作，共同开发和利用土地，实现土地规模化经营和资

---

① 《加强领导、坚持改革、落实政策，推动我县农村经济持续稳定协调发展》，1998 年 5 月至 1998 年 10 月，尉氏县档案馆藏，全宗号 86 案卷号 52，第 7—10 页。

源的优化利用。

两权分置制度在尉氏县的发展实践经历了包产到组、包产到劳、包产到户、包干到户等组织形式，从一个侧面体现了农地产权制度演化变迁历程。尉氏县家庭联产承包责任制主要有四种实现形式：一是实行统一经营，联产到劳、口粮包干、定额上缴；二是统一经营，联产到劳、五定一奖、统一分配；三是包干到户；四是定额管理、小段包工。尉氏县联产到组责任制的实施兼顾了集体与农民的利益，体现了效率与公平的农业发展理念，尉氏县的农业产量更上一个新的台阶。家庭联产承包责任制使农民有了自主经营土地的权利，这使得农民对土地更有责任心和归属感，从而增强了农民的积极性和创造力，农民可以通过种植、养殖等方式提高土地的利用效率，从而提高农业生产效益，增加了农民的收入。同时，家庭联产承包责任制的实施，也为农民提供了流转土地、合作组建农业企业等更多增加收入的途径。从产权角度看，家庭联产承包责任制在尉氏县迅速发展具有客观必然性，家庭联产承包责任制将土地的所有权和经营权进行分离，土地的使用权得到了清晰界定和明确保护，实现了土地产权的多元化，有利于土地的合理配置和流转，有利于促进农村经济的发展和农民收入的增加。尉氏县联产到组、联产计酬生产责任制通过劳动绩效核算工分，在微观上有利于责、权、利统一于农民，提高农民的积极性与土地利用效率。然而，尉氏县农村生产实践中也存在着平均主义烙印，根源在于农户在包产过程中实现的收成不能自由支配，而是要上缴生产队进行统一分配，只有超产部分让渡给承包者，而作业组内管理和分配依然留有平均主义的烙印，导致联产计酬责任制并不能使广大农民直接拥有政策激励获得感。总体而言，家庭联产承包责任制以农户或小组为承包单位，扩大了农民的自主权,发挥了小规模经营的长处,克服了管理过分集中、劳动"大呼隆"和平均主义的弊病,又继承了以往合作化的积极成果,坚持了土地等基本生产资料的公有制和某些统一经营的职能,使多年来新形成的生产力更好地发挥作用。

随着家庭联产承包责任制的不断完善,产权界定不断清晰化与稳定化,为进一步扩大农业生产规模,增加农业投资,提高农业经济生产效益,尉氏县对实现家庭联产承包责任制情况进行总结归纳。尉氏县农村联产承包责任制坚持土地归集体所有,按生产任务承包到户的原则,承包户在国家计划指导和集体组织领导下进行农业经营生产。尉氏县通过建立健全承包合同制,把国家对农产品的收购同对农民的生产资料、生活资料的供应结合起来,进一步完善农业生产责任制,有利于正确处理国家、集体、个人三者产权关系。尉氏县家庭联产承包责任制的建立和发展打破了人民公社时期土地所有权和使用权两权合一的格局,微观效率得到提升,产权关系进一步明晰,主要表现为:土地家庭承包经营权内容完整化、土地家庭承包经营权期限长久化、农村土地家庭承包经营权性质物权化。随着家庭联产承包责任制的不断完善,土地家庭承包经营权内容逐渐趋向系统化、完整化。农村土地承包经营权内容不完整的原因在于承包经营权基于承包合同而产生,合同双方缺乏法定权力约束,仅有承包合同的软约束,农地承包经营权缺失有效法律层面界定。我国通过立法形式来确立农民承包经营权。法律层面上土地承包经营权内容的不断完善为土地承包经营权性质物权化提供了有利条件。农地家庭承包经营权期限长久化的内涵是确保农户农地承包期长期稳定,保障农民能够收回投资。各国农业实践经验证明:推动家庭承包经营权期限长久化能提高土地利用效率,保障农产品的有效供给和农民收入的稳定增长。尉氏县为推进农地家庭承包经营权长期化，根据不同土地类型、不同地区经济发展水平，因地制宜实行多种形式的承包期限。尉氏县在农地产权制度演化中坚持农村土地集体所有权的原则，最大限度放活土地承包经营权，正确处理农地家庭承包经营权和所有权的辩证关系。土地承包经营权是由法律做出的强行性规定，农村土地家庭承包经营权不仅具有直接占有、使用和收益的权利，而且还包括部分处分权，在本质上属于物权范畴。两权分置制度和农地产权制度在尉氏县的成功实践是对两权合于农民和两权合于集体制度的创新性发展，对农地产权边界进行了清晰确定和权利束划分，有效解决了公有制和生产效率之间的矛盾，进一步解放和发展了农村生产力。

以家庭承包为核心特征的两权分置制度，作为实现农地集体产权的有效形式，在尉氏县释放出了巨大的制度绩效。两权分置农地产权制度在尉氏县的演变发展是逐步适应生产力发展的过程，两权分置农地产权制度在实践中要深刻理解稳定和完善两权分置制度的重大意义，准确把握政策界限，认真做好延长土地承包期工作。尉氏县农村集体土地承包经营权的流转是对家庭联产承包责任制的创新性发展，为两权分置农地产权制度实践提供经验。两权分置农地产权制度下尉氏县农业生产水平稳步提高，吸引了大量农业资金投入，改善了尉氏县财政状况，推动了尉氏县农村农业产业化和现代化的进程，促进了农业增效、农民增收。两权分置农地产权制度创新性地解决了公有制与农业生产效率间的矛盾，促进了农业生产力的发展。

第五章　三权分置制度探索
——以河南省尉氏县为例

　　为进一步激活农地使用效率、化解人地矛盾、推动实施乡村振兴战略，顺应农村生产关系变革，在农地所有权与承包权两权分置实践基础上，中央创新性提出了集体土地所有权、农户承包权和土地经营权的三权分置。随着尉氏县三权分置制度在实践中有序推进，尉氏县实践经验表明：三权分置制度关键在于农地所有权、承包权和经营权三者权能边界的清晰有效界定，正确处理并坚持落实农地所有权中的处置权、农地承包权中的财产权、农地经营权中的收益权。

第一节　新一轮农村土地产权变革与三权分置

　　两权分置制度在尉氏县实施几年来，适应了农村生产力发展要求，进一步激发了农村土地要素和生产经营活力，有利于后现代农业的可持续发展。

一、土地承包权与土地经营权分置的制度创新

在农地产权制度改革实践中，为什么要从两权分置发展到三权分置？在尉氏县两权分置制度实践过程中，随着农业发展时代背景发生变化，两权分置制度本身的制度弊端逐渐显现，特别是经济新常态下农地承包权和经营权不分难以适应城镇化进程中广大农民保留承包权进行流转经营的时代需求。

（一）两权分置向三权分置发展的内在逻辑

土地是农村经济发展的基础性生产要素，土地产权问题作为土地制度的核心在农村经济发展过程中具有重要意义。不仅涉及国家、集体、农户和经营者各方利益协调，而且关系到乡村振兴和社会稳定。从尉氏县农地产权制度演化过程看，农村土地问题"产权困境"的瓶颈在于设计怎样一种农地产权制度，通过调整产权结构，平衡各产权主体之间利益关系，微观层面实现农村土地产出效率最大化，宏观层面最大限度兼顾农村土地分配公平，实现广大农民根本利益的最大化。

从尉氏县农地经营管理实践看，土地所有权与经营权两者产权关系演化是农地产权制度演化的主要内容[①]。从所有权角度看，产权归属经历了由地主所有到农民所有再到集体所有几个阶段；从经营权角度看，经营主体经历了由农民过渡到集体再到家庭的演化过程[②]，最终实现农地集体所有、农户个体经营。

---

① 张晓山：《中国农村土地制度变革的回顾和展望》，《学习与探索》2006 年第 5 期。
② 潘俊：《农村土地"三权分置"：权利内容与风险防范》，《中州学刊》2014 年第 11 期。

（1）两权分置是与传统农业相适应的产权制度，不适应现代农业发展要求。主要表现在：

第一，两权分置容易造成农地分配过程的平均化和"碎片化"。因为集体所有意味着按农户人头均分土地，为追求农地质量分配相对公平，造成农户承包地块碎片化严重。以尉氏县为例，尉氏县耕地总面积为 94.27万亩，全县承包农户 12.3 万户，承包耕地总计 117.7 万块，户均承包面积约为 7.67 亩，户均地块数 8.7 块，每块平均 0.88 亩。①

第二，农地产权关系不明晰。一是农地所有权主体模糊，农地集体所有制实现困难。隶属集体经济组织的农地占有处分权、农地平整改良、促进农地集中连片和适度规模经营等权能落实困难。二是农户承包经营农地产权期限较短，进而造成农地承包经营权得不到较好保障，尤其是政府和房地产商为扩大建设用地而强制征收农户集体用地，在三方博弈过程中可能造成对农户承包经营权的占有。

第三，土地要素得不到优化配置。在两权分置背景下，农地平均分配，经营流转不畅导致土地要素和劳动力资源、资本要素相互之间错配，有劳动能力的农民无法获得规模化的土地，富余的资本无法获得高效的投入产出比。各生产要素之间无法获得最优配置和最佳组合，导致土地生产效率和农村生产力水平较低。

第四，土地对农民身份转换形成制度"钳制"。两权分置在一定程度上有利于把农民从土地的束缚中解放出来，可以选择进城务工或从事其他非农生产。然而，广大农民受制于集体经济组织成员权基础上的农地承包经营权，只拥有有限的占有、使用、收益权和流转、抵押等部分处置权，

---

① 赵宁、张健：《中国农村土地制度变迁的经济绩效评价》，《商业时代》2012 年第 9 期。

在很大程度上仍然无法摆脱土地的束缚。

上述两权分置制度特征与我国人多地少的基本国情、农地集体所有的体制模式和城乡二元化体制密不可分，是由特定历史背景特征所决定的。

（2）在新时代经济新常态背景下，我国农业经过多年发展，逐渐具备了从传统农业向以科技化、集约化、绿色化、市场化、国际化为核心特征的现代农业的跃迁升级。两权分置产权制度不适应现代农业发展要求。① 同时，随着中国经济进入新常态，新的城乡资源再配置需要有新的农地产权制度、新的产权关系与之相匹配。

（二）土地承包权与土地经营权分置

2016 年 10 月出台的《关于完善农村土地所有权承包权经营权分置办法的意见》标志着制度化、常态化的三权分置运行机制基本形成。三权分置制度把尉氏县农地占有、使用、收益、处分等各项权益作了清晰界定，保障农地经营流转顺畅，实现生产要素优化配置。三权分置制度的实质就是要重构集体所有制下的农村土地产权结构，具体包括产权主体结构、产权形态及其权能结构、物权结构，并具有归属清晰、权责明确、保护严格、流转顺畅的产权特征。②

（1）农地承包权与经营权分离，进一步向农户赋权。三权分置制度的关键是将土地承包经营权分为农户承包权和土地经营权，并由此产生相互分离的物权法效应。尉氏县通过将土地承包经营权分为农户承包权和土地经营权，有效激活了农村土地生产积极性，促进了农村生产力的大发

---

① 丁文：《论土地承包权与土地承包经营权的分离》，《中国法学》2015 年第 3 期。
② 肖卫东、梁春梅：《农村土地"三权分置"的内涵、基本要义及权利关系》，《中国农村经济》2016 年 11 期。

展。通过在实践中将土地承包经营权分离为农户承包权和农地经营权，给予农民双重权利，既有权利承包经营土地，也有权利承包流转土地。

（2）重构集体所有制下的农地产权结构，为农地产权结构赋能。尉氏县通过三权分置实践，形成集体所有权、农户承包权和经营者农地经营权三种独立的农地权利形态，并在此基础上向三种土地权利形态赋能。第一，尉氏县农村集体因为拥有农地所有权而衍生出农地处分权能，尉氏县各乡镇村集体或村委会可以通过农地发包、收回、调整、监督等方式，对农户承包权和经营权进行约束指导。第二，尉氏县承包农户土地承包权可以分离为承包权能和经营权能，可以理解为不仅具有承包土地法定主体及财产收益权人合法地位，而且具有获得或退出农地承包的权利。①

二、三权分置：维护所有权、保障承包权、放活经营权

截至 2016 年 6 月 30 日，尉氏县的土地确权工作已基本完成，实行农村土地三权分置制度设计，是尉氏县农村生产力发展的必然结果，是尉氏县顺应农地关系发展变革的理性选择，尉氏县三权分置实践不仅具有产权激励作用，而且兼顾效率与公平。② 2016 年 8 月，尉氏县决定以岗李乡为试点，推行三权分置实践尝试，农地流转是农地承包权与经营权分置的起点，经过两个多月时间，尉氏县岗李乡 6100 多户参与流转土地，流转总面积占全乡土地面积的 42%。③

三权分置改革尉氏模式表明，农地三权分置关键在于政府搭建流转平

---

① 陈锡文：《"三权分置"让农民心里更踏实》，《湖北日报》2017 年 1 月 25 日第 11 版。
② 邹秀清：《现阶段农地产权制度创新的战略思路与政策选择》，《农村经济》2010 年第 11 期。
③ 《关于现阶段推行农地三权分置试点实践途径及意义》，2016 年 11 月至 2017 年 4 月，尉氏县档案馆藏，全宗号 86 案卷号 72，第 5 页。

台，强化土地流转市场动员能力和保障能力，实现农民、村集体、农开公司、经营主体四方共赢，攻坚克难解决农村长期存在的基础设施差、农民增收难、村集体组织虚置等难题。在对农村土地现状进行实地调研基础上，2016 年 8 月，尉氏县梳理出"政府集中流转，农地集中整理后推向市场"的创新思路，随后以典型农业乡镇岗李乡为试点稳步推进。截至2016 年，岗李乡辖区面积 76.62 平方千米，38 个行政村，66 个村民小组，7.1 万人，8.5 万亩耕地，大部分属平原地带，耕地条件较好，农民三权分置制度改革愿望强烈。首先通过完成农村土地承包经营权确权颁证工作明晰产权，尉氏县政府依据有关法律法规政策，经由政府投资搭建土地流转平台——尉氏县农村土地开发有限责任公司，具体负责农地集中流转及综合治理。经过组织对照测算并与村民协商，按照略高于全乡平均亩收益的价格，尉氏县农村土地开发有限责任公司以每亩每年 600 元的标准集中流转农地经营权，乡政府负责宣传、引导，农民自愿参加流转。通过这一路径，截至 2016 年岗李乡农地流转面积达到 5.4 万亩，该比例占全乡总耕地面积的 63.5%，这一数据体现了农民群众对政府的支持和信任，也表明农民对三权分置制度改革的强烈愿望。①

尉氏县农村土地开发有限责任公司投资 1.02 亿元用于改良土质、提高地力等级。随后开展农业产业规划工作，将流转农地目标定位于粮经饲统筹，注重产业化经营，着力发展优质高效农业，避免非粮化，严禁非农化，在不改变农地用途前提下发展适度规模经营。土地整理的同时，租地招标信息多渠道宣传发布，新兴农业经营主体投资积极，按照产业规划布

---

① 《尉氏县农地流转乡镇典型案例材料汇编（2014-2016）》，2014 年 1 月至 2016 年 12 月，尉氏县档案馆藏，全宗号 86 案卷号 82，第 5-7 页。

局，因地制宜集中选取 28 家新兴农业经营主体，基本实现了农地经营权的再流转。此种尉氏县岗李乡三权分置模式实现了农民、村集体、农开公司、经营主体四方共赢。岗李乡独楼马村支部书记总结三权分置模式的好处包括：一是壮大集体收入，投资公益事业；二是规模化经营管理有利于农地合理开发，保护耕地；三是有效解决了外出打工人员后顾之忧；四是产权明晰，有利于农地纠纷的解决；五是有助于解决留守农村剩余劳动力出路问题，促进城乡和谐。

农地三权分置制度尉氏模式实践，核心在于维护所有权、保障承包权、放活经营权。为农村发展解开四把"锁"：一是促进农民增收；二是推进农业现代化；三是壮大农村集体经济；四是助力社会治理和基层党建。打开这四把"锁"，为乡村振兴、脱贫攻坚、建设美丽乡村、城乡一体化和农业供给侧结构性改革提供新动能。

第二节　第二轮土地承包到期后再延长 30 年

党的十九大报告明确提出："保持土地承包关系稳定并长久不变，第二轮土地承包到期后再延长三十年。"这一庄严承诺对亿万农民和农地经营者来说，是一颗"定心丸"，对农村集体产权制度改革而言，这是一粒"活络丹"。这是自实行家庭承包经营、承包地三权分置后，党中央在完善农地经营制度方面又一重大举措。

一、延长第二轮土地承包到期的现实意义

保持土地承包关系稳定并长久不变，第二轮土地承包到期后再延长30年。这就意味着到2028年尉氏县第二轮土地延包期满后，原来的承包政策不变，再向后延长30年至2058年。在对尉氏县农地流转现状实地调研基础上，延长第二轮土地承包期对农地承包者、经营者而言具有重要的现实意义，对于稳定农地所有权、承包权、经营权关系具有深远影响。具体表现在以下方面：

从尉氏县实际出发，"再延长30年"农地承包政策，一是稳定了农民在自己土地上深耕的心。让土地的各种承包者和经营主体可以放心地加大在土地上的投入，甩开膀子干下去。二是稳定了农民安心外出务工的心。对广大农民工来说，家里的"一亩三分地"依然是他们的心理依托。长期稳定的土地政策，既解决了他们的后顾之忧，可以安心在城里放手打拼，也为他们提供了返乡创业、依托承包土地在乡村振兴战略中发挥优势的底气。三是成为农村集体产权制度改革的"活络丹"。从承包权中分离出可以流转、抵押、贷款的经营权，可以使农村土地变为活资本，让农民可以创造性生产、创造性劳动、创造性发展，不断增加财产性收入。

"再延长30年"政策，让农民带着财产进城。随着承包地、宅基地在集体所有的分配权、林地等登记确权，加上承包期再延长了30年，农民原有作为集体组织成员的相应权利得到更长期限的保障，在土地流转中，流转价格可能会更高，业主也可能更愿意进场经营。截至2018年，中国农村已有30%以上的承包农户在流转承包地，流转面积4.79亿亩，

未来这个比例一定会不断增大。

"再延长 30 年"政策，促进农业规模化发展。土地承包期限的长短，主要应考虑农村的实际情况，根据农业生产经营的特点、农业经济的发展趋势以及当前的农业承包经营政策等因素确定。投资者经营农业，要实现规模经营，投入相对较大，回报周期相对较长，大多数项目要求土地的承包周期较长。以尉氏县为例，原有到 2028 年将满期的第二轮土地经营权转让，已对投资者没有太大的吸引力。因此，再延长 30 年对稳定承包者的信心、进一步促进规模化经营意义重大。

二、重构集体所有制下的农地产权结构

为认真贯彻落实中共中央办公厅、国务院办公厅印发的《关于完善农村土地所有权承包权经营权分置办法的意见》和中共河南省委办公厅、河南省人民政府办公厅《关于完善农村土地所有权承包权经营权分置办法的实施意见》精神，加快推进尉氏县农村土地所有权、承包权、经营权分置（以下简称"三权分置"）并行，不断探索和丰富适合开封市实际的三权分置制度具体实现形式，激发农村发展活力，促进现代农业发展，实现农业增效、农民增收和农村稳定，尉氏县制定以下三权分置制度实施意见。①

（一）三权分置制度总体要求

深刻理解和准确把握中央和省关于农村土地所有权、承包权、经营权

---

① 中共尉氏县县委、尉氏县人民政府《关于完善农村土地所有权、承包权和经营权分置办法的实施意见（讨论稿）》，2017 年 4 月至 2017 年 12 月，尉氏县档案馆藏，全宗号 86 案卷号 72，第 7–12 页。

"三权"内涵、权利边界及相互关系的核心要义,逐步建立规范高效的三权分置并行运行机制,进一步明晰土地产权关系,更好地维护农民集体、承包农户、经营主体的权益,不断健全归属清晰、权能完整、流转顺畅、保护严格的农村土地产权制度,优化土地资源配置,培育新型经营主体,促进适度规模经营发展,进一步巩固和完善农村基本经营制度,加快构建现代农业产业体系、生产体系、经营体系,为发展现代农业、增加农民收入、实施乡村振兴战略提供坚实保障。

（二）三权分置制度的目标任务

有序实施三权分置制度,要尊重农民意愿,守住政策底线,坚持循序渐进,坚持因地制宜,到 2020 年底前,基本完成相关改革工作任务,探索总结出适合尉氏县的三权分置具体实现路径和办法。落实集体所有权,稳定农户承包权,放活土地经营权,让农村土地"三权"的各自功能和整体效用得到充分发挥,逐步形成层次分明、结构合理、平等保护的格局。

（三）推动三权分置制度有序实施

1. 夯实三权分置实施基础

（1）加强集体土地所有权保护和监管。强化农村集体土地所有权确权登记成果的应用,进一步完善相关政策,妥善处理和解决留存的土地权属问题,切实保护好农民的集体土地权益。坚持和完善土地用途管制制度,加强农用地用途检查,坚决查处以租代征进行非农建设等违法违规行为。2017 年全面完成市县两级土地整治规划编制工作。力争用 3 年时间完成"两区"(粮食生产功能区和重要农产品保护区)划定工作。

(2)加快推进农村承包地确权登记颁证工作。在完成新版农村土地承包经营权证书颁发、实现应发尽发的基础上,督导各乡镇妥善解决疑难遗留问题,尽早开展自查验收工作,适时组织专家开展全市验收。高质量做好档案整理、数据汇交、成果转化应用等工作,2017 年底前基本完成农村承包地确权登记颁证工作任务,确保家庭承包土地权责清楚、面积准确、簿证一致、账地相符,农民群众认可,经得起历史检验。整合资源,统一规划,加快推进农村土地承包经营权信息应用平台建设,到 2020 年,逐步实现数据共享和成果应用示范。按照中央统一部署,做好与不动产登记制度工作的衔接,确保到 2020 年农村土地承包经营权确权登记颁证成果实现资源共享。

(3)建立土地经营权规范流转服务体系。构建流转顺畅、保护严格的土地经营权市场交易体系。因地制宜加快建设县级农村产权交易市场(平台),逐步实现涉农县(区)全覆盖。着力规范市场运行,提高服务水平,为流转双方提供产权登记备案、信息发布、产权交易、法律咨询、权益评估、抵押融资、风险防范等服务。健全县、乡两级农村经营管理体系,提升土地流转管理与服务能力。健全农村土地承包经营纠纷调处体系,调解仲裁工作经费按要求纳入财政预算。

(4)大力培育新型农业经营主体。认真贯彻落实中共中央办公厅、国务院办公厅印发《关于加快构建政策体系培育新型农业经营主体的意见》精神,加快建立健全支持新型农业经营主体发展的政策体系。市财政继续对流转农民承包地发展适度规模经营的新型农业经营主体和土地流转工作成效显著、流转服务体系和纠纷调解仲裁体系健全的县(区)、乡

（镇）进行奖补。引导金融机构建立健全针对新型农业经营主体的信贷机制，创新金融产品和服务，加大信贷支持力度。争取中原农业保险股份公司在尉氏县设立分支机构，稳步提高农业保险承保服务能力，分散规模经营风险。鼓励有条件的县（区）设立融资担保专项资金，为新型农业经营主体提供贷款担保服务。落实相关税收优惠政策，支持农民合作社发展农产品加工流通。进一步加大对粮食生产提供技术指导、专业培训、农业信息等服务主体的扶持力度，整合教育培训资源，推进农民创业园建设、美丽乡村建设等，结合一乡一业、一村一品创建，在专业大户、家庭农场、农民合作社、龙头企业设立新型职业农民培训课堂、实训和创业基地，实施现代青年农场主和农村实用人才培养计划，加大新型农业经营主体管理人员、农业社会化服务人员和返乡农民工职业技能培训力度，提高从事现代农业生产的能力。建立教育培训制度，制定认定管理办法，完善扶持政策，到2020年全县培育10000名新型职业农民。

2. 积极稳妥发展多种形式的农业适度规模经营

（1）科学合理选择规模经营形式。以尉氏县为例，在务工机会较多、专业化趋势明显、大量农村劳动力基本脱离农业的城市郊区，通过流转土地经营权，实现土地集中，提升农业适度规模经营水平。在青壮年劳动力大量外出、又不愿意放弃土地经营权的地区，通过土地托管、代耕代种、订单农业等形式，开展集中服务，提升农业服务规模水平。在放活土地经营权过程中，要坚持"依法、自愿、有偿"的原则，坚守土地公有性质不改变、耕地红线不突破、农民利益不受损"三条底线"。

（2）健全工商资本租赁农地监管和风险防范机制。积极开展土地整治、高标准农田建设、农业环境治理和生态修复等。严禁工商资本借政府或基层组织的名义强迫农户流转农地，凡是整村整组流转的，必须经全体农户同意并书面委托，租赁期限不得超过二轮承包剩余时间。各县（区）要结合实际、综合考虑面积，制定相应控制标准，确定本行政区域内工商资本租赁农地面积占承包耕地总面积比例上限或单个企业（组织或个人）租赁农地面积上限。要以县、乡两级为主建立农村土地经营权流转分级备案制度。单个主体流转面积500亩以下的，由乡镇人民政府备案；500亩（含）以上1000亩以下的，在乡镇人民政府备案后，由乡镇人民政府报县级农业行政主管部门备案；1000亩（含）以上的，由县级农业行政主管部门报市级农业行政主管部门备案；10000亩（含）以上的，由市级农业行政主管部门报省级农业行政主管部门备案，确保农地农用，确保农民权益，保护农业综合生产能力。

（3）完善三权分置制度的机制和办法。积极承接土地承包经营权有偿退出、土地经营权入股农业产业化经营等试点，总结形成可推广、可复制的做法和经验。鼓励各县（区）探索研究健全农村土地经营权流转、农村土地承包权退出等方面的具体办法。积极做好农村承包土地的经营权抵押贷款试点工作，完善抵押登记、价值评估、流转交易、抵押处置、风险分担等配套服务体系。对银行业金融机构发放的农村承包土地经营权抵押贷款统筹使用省金融业发展专项奖补资金，按照贷款发放量给予经办银行一定比例的财政奖励。

第三节　农地三权分置历史意义和制度优化

一、农村土地三权分置历史地位及其评价

从尉氏县农地流转实践可以看出：一方面，三权分置制度形成的物权化、财产化效应，不仅有利于形成进城农民土地经营权流转机制，而且有利于探索全进城落户农民承包权市场化退出机制，从而将农民从土地上解放出来。另一方面，由三权分置制度外延形成的市场机制和市场化效应得到充分发挥，从微观生产要素效率角度看，该制度设计有利于城乡之间新一轮要素流动和资源再配置。资本、技术、人力等全要素和新业态、产业新模式，以及城乡之间人力资源、劳动力、土地等要素，经过市场优化再配置优化产业产品结构。

三权分置制度效应的进一步优化和潜力释放，一方面，有助于农民财产性收入持续增加，推进城乡一体化和产业融合，提高农民平等参与现代化进程积极性，构建和谐城乡二元结构；另一方面，有助于推进城镇化进程，缓解二元社会格局负面影响，推动城乡结构融合、产业结构优化。总之，三权分置制度从微观上促进劳动力、土地等要素在空间优化再配置，促进经济发展新旧动能转换；从宏观上优化土地产出结构、资源利用结构，促进农村社会经济可持续发展。

全国范围看，三权分置制度作为农地产权制度的创新探索，还有待进

一步挖掘制度潜力，充分释放创新制度绩效。尉氏县个别乡镇在实践中逐步开展农地承包经营权自愿有偿退出制度试点。从全国范围看，大规模的农村农地确权登记正在实施，进一步清晰界定农地权利主体产权界限，为三权分置制度顺利推进创造产权基础和制度保证。然而，三权分置制度的整体推进作为一个系统工程，还需要户籍制度、土地产权交易制度、农业技术进步平台等体制机制与之配套。可以预见，三权分置制度将会是继家庭联产承包责任制后，推动"三农"领域新一轮制度创新的内在驱动力。

二、尉氏县三权分置制度创新与优化

尉氏县农地三权分置制度作为农地产权制度创新模式，有利于化解家庭联产承包责任制两权分离土地制度所产生的农地产权主体不清，产权权能不完整，权责不明确，利益主体模糊等制度性障碍，进而释放土地要素红利，解放和发展农村生产力。从尉氏县实践来看，三权分置制度顶层设计尚存在制度性失灵，市场经济条件下权利主体的博弈造成三权利益关系失衡的风险，以及由于配套机制不健全限制经营权权能实现等障碍性因素。建立健全农地产权制度，推动尉氏县三权分置制度有序实施需要创新性地做好以下几方面工作：

（一）强化组织领导

实施三权分置制度是深化农村土地制度改革的重要举措，各乡镇、各有关部门要充分认识三权分置制度的重要意义以及现阶段推行三权分置制度的重要性和必要性，深入研究土地承包和土地流转过程中农民集体、承包农户、经营主体的权利和权能内容，进一步厘清"三权"的权利边界，厘清相互关系。加快推进农村承包地确权登记颁证工作，扩大试点范围，强化工作督导，加强平台建设和成果转化应用。健全土地流转管理服务体系，加强土地经营权流转交易市场建设，健全市场运行规范，拓展市场服务功能；加强流转合同管理，推广使用标准流转合同文本；探索建立土地流转履约保证保险，研究完善工商资本租赁农地监管和风险防范机制。在试点试验的基础上，有关部门要抓紧研究提出承包地退出办法，既要充分保障广大农民的财产权益，又要有利于土地集约节约利用。

（二）加强经验总结

积极借鉴在实行三权分置制度过程中成功探索案例，如湖北沙洋"按户连片耕种"、安徽怀远"一户一块田"、四川崇州农业共营制、山东农业生产托管等。三权分置制度实践经验启示我们：一方面，要完善权利分配机制，三权分置制度中存在权利不清、分配不合理等问题，需要进一步建立与完善权利分配机制。具体来说，可以通过调整三方的权利比重、制定明的土地使用规划、完善土地转让市场等措施，实现三方利益的平衡，提高土地资源利用效率。另一方面，要加强信息公开和监管，加强信息公开和监管是优化三权分置制度的关键。要建立健全的信息公开和监管机制，要加强对土地流转和使用的监督和检查，建立健全的信用评价和追溯机制，完善信息公开和查询平台，促进信息公开和流通，保障农民的知情权、参与权和监督权。下一步，建议密切关注基层在三权分置制度实践中出现的新情况、新问题，及时总结推广典型经验和做法。在此基础上，建立一个科学的评价体系，引导地方因地制宜地选择规模经营方式，循序渐进推动农业规模经营进程。

（三）强化政策导向

农村土地流转需要一定的资金支持，但是目前的金融支持体系还比较薄弱。因此，政府应该加强对农村土地流转的金融支持，建立健全的土地抵押、融资等金融服务体系，为土地流转提供更为便捷和灵活的资金支持，促进农村土地流转的可持续发展。家庭农场、农民合作社等各类新型经营主体是建设现代农业的主力军。在三权分置制度框架下，建议进一步健全新型经营主体发展扶持政策体系，从投入政策、补贴政策、金融保险政策方面加大对新型经营主体扶持力度，更好地引领经营主体发育壮大，提升发展质量。三权分置制度是一项具有探索性质的制度安排，需要不断总结经验，强化政策导向。在三权分置制度探索中要加强制度设计和法律保障，鼓励多元主体参与土地流转和利用，推动新型农业经营主体的发展，加强技术支持和服务体系的建设，提高农业生产的效益和质量。

（四）健全市场体系

我国要建立健全土地流转市场体系。当前，农村土地流转市场还不够健全，缺乏统一的交易规则和标准，土地流转行为也存在着一些不规范的情况。因此，政府应该加强对农村土地流转市场的建设和规范，制定相应的交易规则和标准，同时，加强对土地流转行为的监管，确保土地流转的合法性和公平性。此外，土地流转中存在着一定的风险，如流转土地的产出不如预期、流转的土地存在纠纷等。因此，政府应该加强对农村土地流转中的风险管理和评估，降低风险成本。可以通过建立健全的农村土地流转信息平台，提高信息透明度，加强对土地流转的风险评估和管控，提高土地流转的安全性和可持续性。

第四节 "三权分置"运行机制实践探索

农村集体土地承包经营权的流转，是家庭联产承包责任制的延续和发展。在坚持土地集体所有和不改变土地农业用途前提下，经发包方同意，允许承包方在承包期内，对承包土地依法转包、互换、入股，其合法权益受到法律的保护。土地承包经营权的流转形式、经济补偿等由双方协商，签订书面合同，并报发包方和农业承包合同管理机关备案。这种农地产权制度特征就是后来三权分置产权制度探索的体制机制框架。三权分置产权制度核心内涵在于维护集体所有权、稳定农户承包权、放活土地经营权。

一、尉氏县农地流转情况的实践探索

推进农村土地承包经营权流转，实行适度规模经营，是稳定农村土地承包经营制度、发展现代农业、建设社会主义新农村的客观要求，结合尉氏县情，以张市、岗李、庄头等乡镇作为样本，对农村土地流转情况进行专题调研。

（一）尉氏县农村土地流转现状

2016 年，尉氏县农业人口 85.7 万人，耕地 113.57 万亩，相对人多地少，农田块小而散，一定程度制约着现代化农业快速发展。为实现农业大县向农业强县转变，促进"三农"工作，尉氏县委、县政府成立了县农村土地承包经营权流转工作领导小组，出台了《关于加快推进农村土地承包经营权流转促进适度规模经营的实施意见》，加快推进农村土地流转步伐。

全县农村土地流转面积 43.39 万亩，约占耕地面积的 38.21%，流转形式主要有代种、转包、出租、互换、出借、拍卖等。转包面积 24.62 万亩，占流转总面积的 56.74%；出租面积 17.65 万亩，占流转总面积的 40.68%。转包占全县农村土地流转总面积 50% 以上，出租也占到土地流转总面积的 40%，互换、出借、拍卖等其他土地流转方式推进的难度大，实际发生的非常少，主要形式以出租和转包为主。

（二）尉氏县土地流转取得的成效

（1）促进了农村土地规模化经营。通过土地流转，部分农民按照"平等、协商、自愿、有偿"的原则，将无力经营或不愿经营的土地及时流转，一些经营有方、有能力扩大经营规模的专业大户能及时获得相应的土地。

（2）实现了农村劳动力转移。通过土地流转后，农民可获得相对较高和比较稳定的有偿转让收入，使一些有能力、善经营的农民摆脱了土地的束缚，可以外出务工或自行创业，成了既拿工资、又吃地租的新式农民。增加了农民收入，促进了农村剩余劳动力转移和城镇化进程。

（3）推动了农业产业化的发展。尉氏县土地流转经营的成功模式主要以七彩虹供港蔬菜基地、旭梅香料等龙头企业带动为主，即以龙头企业为依托，以经济效益为纽带，以特色农业为主导，形成了"公司+基地+农户"的有机整体，发展规模经营，夯实了农业产业化基础，提升了农业产业化经营水平。

（三）尉氏县土地流转存在的问题

（1）土地流转机制不健全，引导和服务不到位。一是土地流转缺乏指导。绝大多数农村土地流转放任自流，流转行为无人监管，流转农户各自为政，没有签订任何有约束力的协议合同，从而留下弊病。二是土地流转机制不完善。当前农村土地流转市场化运作机制还没有完全建立，没有形成统一规范、市场化运作的土地流转机制，严重制约农村土地流转的有序进行。缺少土地流转中介组织，流转信息不畅，使土地流转供求双方信息受阻，出现"要流转土地的转不出，要租土地的租不到"的情况。

（2）资金服务、技术服务和销售服务跟不上，规模经营不多。由于农业生产周期长、收益低、受自然条件影响明显，大面积承包土地从事高效农业开发需要较大的资金投入，而土地承包大户一般没有贷款担保单位，又不能将土地使用权作为贷款抵押，资金筹措难，农业开发面临市场和自然双重风险，再加上农村土地及其附着物不能担保和抵押贷款等政策限制，严重制约规模经济发展和农村市场化发展，最终致使土地流转规模经营的不多。

（3）基础设施不完善、土地租赁价格低，阻碍了农村土地流转的进程。尉氏县绝大部分土地没有进行农业综合开发，地块小且不平整，水、电、桥、路建设滞后，不适合连片种植和机械耕作，无法实现旱涝保收；农田水利基础设施较差，规模经营成本增加，每亩地租赁价格在 500 元左右。目前，年轻人在外务工的多，在家种地的农民年龄基本上都在 40 岁以上，虽然很多年轻人不愿种地，甚至不会种地，但如果租赁价格过低，绝大多数农民依旧不愿意参与土地流转。

（4）农民专业合作社没有充分发挥其引导作用。目前尉氏县已经成立了许多专业合作社，但由于许多农民甚至是管理者对专业合作社成立的目的、意义以及专业合作社如何运行、管理、发展了解不清晰，加上专业知识匮乏，小农意识强烈，以致合作社不能够按照相应的规章程序有序运行、管理，使专业合作社没能充分发挥出应有的示范带动作用。

二、开封市耕耘农业科技有限公司农地流转实践案例

2018 年 7 月 28~29 日，为深入了解尉氏县农地流转情况，进一步获得农地三权分置第一手资料，为分析现阶段农地所有权、承包权和经营权三者辩证关系提供原始案例支撑，选取开封市耕耘农业科技有限公司（以下简称"耕耘农业"）作为典型案例进行实地调研。

（一）公司介绍

开封市耕耘农业科技有限公司成立于 2014 年，坐落于河南省尉氏县岗李乡独楼马村，是中原地区首家集农业风情、生态种养、田间培训、中医药养生、休闲娱乐等为一体的生态农业产业园。从业人员 500 人，其中管理人员 65 人，各类技术骨干人员 40 人。作为一家集种植加工、冷藏保鲜、科技研发、中医养生、观光旅游为一体的综合型企业，耕耘农业立足于健康、养生、营养、生态、环保、富民、强国的生态战略，秉承"良心工程，道德产业；科学膳食，健康理念"的行为标准，开展以农产品产业

化道路纵深发展，传递"健康、养生、度假、观光"的品牌理念，为行业和广大消费者提供高标准、纯天然的品质生活服务。

开封市耕耘农业科技有限公司是河南省农业厅"十三五"发展规划的重点项目，注册资本 5000 万元，有两个产业园和四个产品认证基地；食用菌产业园 200 亩、中医药健康养生产业园 600 亩，无公害五谷杂粮生产基地 1000 亩、北方特种水产养殖基地 500 亩、有机葡萄基地 200 亩（见图 5-1）、巴马香猪散养基地 300 亩。下设有尉氏县国瑞种植合作社、尉氏县耕耘淡水鱼养殖合作社、中原梅河湾中医养生开发有限公司、耕耘农鲜汇星创天地等五家子公司。公司总资产 1.5 亿元，年销售收入 5000 万元，利税 500 万元，有正式员工 500 人。

图 5-1 开封市耕耘农业科技有限公司葡萄种植园

耕耘农业的愿景为：让农产品绿起来，让农民富起来，让国民健康起来！未来，耕耘农业将继续利用技术和资源优势，以品质、创新、服务打造耕耘品牌的核心竞争力，实现"大生态、大健康、大农业"的战略目标！

1. 公司发展历程

2014年3月：寻找优质土壤，即附近5千米无污染源，田地附近有河流，远离村庄。

2014年5月：在河南省尉氏县工商注册"开封市耕耘农业科技有限公司"。

2014年6月：经过论证检测，在尉氏县岗李乡独楼马村流转土地1.5平方千米。

2014年7月：规划设计建设耕耘农场，一期规划生态养殖—有机葡萄—大棚果蔬—露地五谷杂粮。

2015年7月：耕耘农产品通过无公害认证。

2016年2月：河南省农广校开封农民田间学校挂牌设立。

2016年5月：规划设计二期，建设中医药健康养生园、食用菌农业产业园（见图5-2）。

2017年3月：中原梅河湾中医药健康养生园项目评选开封市重点农业旅游项目。

2017年4月：荣获尉氏县"优秀民营企业"称号。

2017年7月：耕耘农业食用菌产业园设立尉氏县农业扶贫基地。

2017年9月：当选尉氏工商联合会第十届副主席单位。

2017年10月：被开封市政府授予"农业产业化重点龙头企业"称号。

图 5-2 开封市耕耘农业科技有限公司扶贫项目——食用菌产业园

2. 公司成绩

经过多年创业发展，开封市耕耘农业科技有限公司深入贯彻落实国家、省、市农村土地流转制度及政策，开展规模经营，提高土地使用效率，坚持农产品多元化（见图 5-3）和专业化经营管理，统筹平衡农地所有权、承包权和经营权。在农产品供给，增加农民收入，促进农村人口再就业，打造从田头到餐桌的绿色生态、和谐健康全产业链（见图 5-4）等方面均有较大获得感，成为尉氏县探索农地流转经营的典型示范基地。

（1）企业责任：民以食为天，食以安为先，安以质为本，质以诚为根，为消费者提供安全、放心、新鲜、健康的产品是耕耘农业的责任和使命。耕耘农业为确保产品安全，着力构建食品安全体系，从原料种植源头到企业内部生产、产品流通到最终消费者所有环节都建立严格的质量控制体系，严把产品质量关。

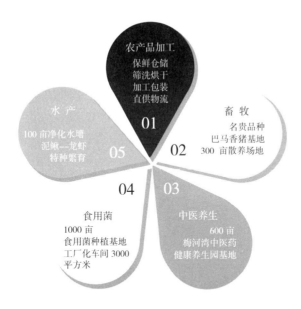

图5-3　开封市耕耘农业科技有限公司农产品多元化产业链及核心优势

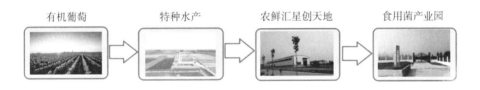

图5-4　开封市耕耘农业科技有限公司田头到餐桌全产业链

（2）环境保护：党的十六大报告把环境保护确定为全面建设小康社会的重要内容，明确要求在全面建设小康社会全过程中，可持续发展能力不断增强，生态环境得到改善，资源利用效率显著提高，促进人与自然和谐，推动整个社会走上生产发展、生活富裕、生态良好的文明发展之路。这充分说明环境保护工作在全面建设小康社会中的重要地位和作用。耕耘农业作为创新企业，面对科技迅猛发展、经济全球化、剧烈市场竞争，公司处于建立科技化企业制度新时期，环境保护工作显得尤其重要。实现生产建设与环境保护协调发展，是公司努力的方向和目标。

（3）社会公益：耕耘农业的迅猛发展，离不开省、市以及广大消费者的关爱与支持，这也是耕耘农业不断超越的动力源泉。秉承一贯的感恩理念，公司热心关注社会公益事业，积极投身于地方修桥、铺路等基础建设，创立育才基金和爱心基金，坚持每年"关爱留守儿童"资金资助、贫困大学生资金帮扶，累计捐赠当地教育事业现金及物资共计 100 余万等；还主动为留守老人提供免费体检、免费就医及各项生活保障，公司的食用菌产业园为开封市重点扶贫基地，前后帮扶贫困人口 500 人，实现脱贫家庭 200 户。用实际行动履行民营企业的责任与担当。

（4）所获荣誉：2015 年 1 月，开封市耕耘农业科技有限公司被授予"河南省生物农业产业技术创新战略联盟生态农业示范基地"；2015 年 7 月，尉氏县质检中心、尉氏县农业局授予开封市耕耘农业科技有限公司"尉氏县无公害农产品生产基地"荣誉称号；2016 年，开封市耕耘农业科技有限公司被河南省农业广播电视学校评为"省级示范性农民田间学校"（见图 5-5）；2017 年 4 月，岗李乡党委、岗李乡人民政府授予开封市耕耘农业科技有限公司 2016 年度"优秀民营企业"称号；2017 年 6 月，岗李乡脱贫攻坚办公室授予开封市耕耘农业科技有限公司"岗李乡产业扶贫基地"荣誉；2017 年 7 月，河南省科技厅授予开封市耕耘农鲜汇星创天地"河南省星创天地"荣誉；2017 年 9 月，尉氏县人民政府授予开封市耕耘农业科技有限公司"尉氏县工商业联合会第十届副主席（副会长）单位"；2017 年 10 月，开封市人民政府授予开封市耕耘农业科技有限公司"农业产业化省重点龙头企业"称号。

图 5-5　开封市耕耘农业科技有限公司农民田间学校

（二）农地流转实践过程

2014 年 9 月 20 日，开封市耕耘农业科技有限公司作为接包（承租）方，尉氏县岗李乡独楼马村委员会作为转包（出租）方。双方根据《中华人民共和国农村土地承包法》等有关法律法规和国家政策的规定，本着平等协商、自愿、有偿的原则，就农地承包经营权转包（出租）事宜协商一致，签订农地租赁合同。

1. 转包（出租）面积

尉氏县岗李乡独楼马村委会将其承包经营的岗李乡独楼马村第一至第八村民组 1626 亩土地（地名、面积、等级、土地用途）转包（出租）给开封市耕耘农业科技有限公司从事高效农业生产经营。

2. 转包（出租）期限

转包（出租）期限为 13 年，即自 2014 年 9 月 20 日起至 2027 年 8 月 31 日。

3. 转包（出租）价款

转包（出租）土地的转包金（租金）为每年每亩 1500 元人民币（其中不包括依法向国家和集体缴纳的农业税费）。

4. 支付方式和时间

开封市耕耘农业科技有限公司采取以现金支付转包金（租金）的方式，支付时间为每年 9 月 30 日前。

5. 交付时间和方式

尉氏县岗李乡独楼马村委会应于 2014 年 9 月 30 日前将转包（出租）土地一次性全部交付开封市耕耘农业科技有限公司。

6. 权利和义务的特别约定

（1）尉氏县岗李乡独楼马村委会作为承包方应履行的义务仍应由尉氏县岗李乡独楼马村委会承担。但如因开封市耕耘农业科技有限公司不向独楼马村委会履行转包（出租）合同义务而造成独楼马村委会不能履约，开封市耕耘农业科技有限公司应与独楼马村委会一起承担连带违约责任。

（2）尉氏县岗李乡独楼马村委会有权监督开封市耕耘农业科技有限公司经营土地的情况，并要求开封市耕耘农业科技有限公司按约履行合同义务。

（3）尉氏县岗李乡独楼马村委会有权在转包（出租）期满收回土地承包经营权。

（4）转包（出租）期限内遇自然灾害，上级给予尉氏县岗李乡独楼马村委会核减或免除相关土地上的税费义务和核发的救灾款，尉氏县岗李乡独楼马村委会应及时如数转给开封市耕耘农业科技有限公司。如需尉氏县岗李乡独楼马村委会办理手续的，尉氏县岗李乡独楼马村委会应负责及时办理，双方另有约定的除外。

（5）开封市耕耘农业科技有限公司有权要求尉氏县岗李乡独楼马村委会按合同约定交付转包（出租）土地承包经营权，并要求尉氏县岗李乡独楼马村委会全面履行合同义务。

（6）开封市耕耘农业科技有限公司获得土地承包经营权后，依法享有该土地的使用权、收益权、自主组织生产经营和产品处置权。

（7）开封市耕耘农业科技有限公司不得改变转包（租用）土地的农业用途，不得用于非农建设。

（8）开封市耕耘农业科技有限公司依法保护和合理利用土地，增加投入以保持土地肥力，不得从事掠夺性经营，不得给土地造成永久性损害。

7. 合同的变更或解除

在合同有效期内，有下列情况之一者，可以变更或解除合同：

（1）国家、集体建设需要依法征用、使用转包（出租）土地的，应服从国家或集体需要。

（2）开封市耕耘农业科技有限公司在转包（出租）期限内将转包（出租）合同约定其享有的部分或全部权利转让给第三者，须经尉氏县岗李乡独楼马村委会和发包方同意，并签订书面补充协议。

（3）尉氏县岗李乡会独楼马村委会和开封市耕耘农业科技有限公司双方中任何一方要求变更或解除合同，须提前6个月通知另一方，并征得另一方同意。

（4）开封市耕耘农业科技有限公司在转包（出租）期间，若遇不可抵抗的自然灾害造成土地被毁而无法复耕的可解除或变更合同。

8. 违约责任

（1）任何一方当事人违约，应向守约方支付一定的违约金。

（2）因一方违约造成对方遭受经济损失的，违约方应赔偿对方相应的经济损失，具体赔偿数额依据具体损失情况由双方协商或由农村土地承包仲裁机构裁定或法院判决。

9. 争议条款

因合同的订立、生效、履行、变更或解除等发生争议时，开封市耕耘农业科技有限公司和尉氏县岗李乡独楼马村委会应协商解决，协商不成的提请村民委员会、乡（镇）人民政府、农村土地承包管理机关调解。

10. 生效条件

尉氏县岗李乡独楼马村委会和开封市耕耘农业科技有限公司双方约定，合同须经双方签字并经岗李乡（镇）政府农村经营管理机构备案（签证）后生效。

11. 其他条款

（1）合同中未尽事宜，可经尉氏县岗李乡独楼马村委会和开封市耕耘农业科技有限公司双方共同协商一致后签订补充协议。补充协议和合同具有同等效力。

（2）合同一式四份，尉氏县岗李乡独楼马村委会和开封市耕耘农业科技有限公司双方当事人各执一份，发包方和签证、备案单位各执一份。

土地流转方式评价：目前农村土地承包权和经营权分离的实现主要有

两种方式：一是农户直接与企业协商并签订合同，即：农户 ↔ 企业；二是农户通过与村委签订土地流转委托书，村委再打包给企业，即：农户 ↔ 村委 ↔ 企业。开封市耕耘农业科技有限公司采用通过村委的间接土地流转方式，该农地流转方式的优势在于：整体打包、便于协调，村委作为连接农户和企业的桥梁，有利于解决实际问题。

（三）土地流转意义及经验

2018 年，开封市耕耘农业科技有限公司有正式员工 21 人，临时工 30 余人，自公司成立以来，认真贯彻好、利用好国家、省、市各级土地流转政策，包括农业补贴、扶贫攻坚、建设扶贫基地以及产业化扶贫基地等项目，在各级县、乡土地所、农业所、扶贫办等政府帮扶指导下，创立了碧夫源绿色产品认证体系，并建立公司基层党组织。在农地流转过程中，所有权归国家所有，农户拥有承包权，经营权归企业所有。开封市耕耘农业科技有限公司农地流转实践具有以下积极意义：

（1）有利于提高土地利用效率，降低种植风险。通过土地规模经营，集中流转，因地制宜进行科学种养殖，改变了过去农户靠天吃饭的小农生产，确保农户旱涝保收，降低农业风险。

（2）农业集中经营，发挥规模经济最大效益。通过土地流转可以把各农户分散种植的地块集中连片经营，统筹土地管理经营，提高农业产量，降低农业生产成本，提高农副业产值利润。

（3）提高农业生产科技含量，增加土地肥力。土地适度规模经营，可以进一步整合科技资源，充分发挥"互联网+农业"平台，科学施肥、科学养殖、科学选种，增加土地肥力，实现科技支农。

（4）有助于农民提高收入，增加闲散农户就业。农户土地集中流转有助于缓解土地对农民的束缚，进一步解放农村劳动力，提供多渠道增加收入路径，农户除了稳定的土地流转收益外，还可以吸收农户就近就业，降低农户分散经营风险，显著提高农民收入。

（5）有利于发展生态农业，改善农村生产环境。通过农地流转，开封市耕耘农业科技有限公司积极发展生态农业，科学灌溉施肥、疏通水利、排污，创建生态农业、绿色农业、有机农业。

（6）有利于农村社会稳定，防止农村空心化。通过土地流转和吸收农民再就业，进一步增加农民收入，有利于农村稳定、社会和谐，有效防止农民工外流和农村空心化，实现农户、企业和政府共赢。

三、开封市七彩虹农业经济发展有限公司农地流转实践案例

2018 年 7 月 30~31 日，为深入了解尉氏县农村土地流转情况，进一步获得农地三权分置第一手资料，为分析现阶段农地所有权、承包权和经营权三者辩证关系提供原始案例与数据支撑，选取开封市七彩虹农业经济发展有限公司作为典型案例进行实地调研。

（一）公司介绍

开封市七彩虹农业经济发展有限公司位于"七朝古都""全国优秀旅游城市"开封市尉氏县尉北高效农业生态园区内，公司成立于 2002 年 11 月，注册资金 260 万元，总投资 2800 万余元，拥有 4 家无公害供港蔬菜基地，种植面积达 3200 余亩（见图 5-6），低温保鲜冷库约 8000 立方米。公司下设生产科、质检科、质保科、财务科、深圳办事处等 8 个科室。有

职工 800 余人，高级职称 4 人，中级职称 6 人，管理人员 30 人，技术人员 22 人，分 10 个生产区，30 个生产组。

图 5-6　开封市七彩虹农业经济发展有限公司蔬菜种植园

公司严格按照《农产品质量安全法》《食品安全法》《供港澳蔬菜管理方法》等法律法规，制定了"三定""四有""五统一"农药采购管理制度、植保人员岗位职责、农药使用和回收管理制度、质量安全追溯制度的管理办法，该办法得到河南省出入境检验检疫局的认定，2008 年在河南省"出口食品农产品质量安全表彰大会"上，七彩虹公司代表全省农产品出口企业做了典型发言，得到了认同，将此农地流转和农产品经营管理办法在全省出口农产品企业推广。公司已成为河南省规模较大、基地备案最早、管理较规范的外向型农产品出口示范基地，又在 2010 年 11 月被评为"河南省出口食品农产品质量安全示范区"。

公司生产的"绿鸿"牌系列蔬菜，以南方特色品种为主，有菜心、日本芥兰、四季芥兰、鹤斗白、欧菠、奶白菜、豆苗、意大利生菜、西兰花等十几个优质品种。公司实行质量追溯制度，严格按照良好农业规范认证要求，从整地、施肥、播种、浇水、植保到采收、入库、包装、运输、销售都有详细记录，使产品质量得以严格控制。产品远销中国香港、中国澳门、新加坡、阿联酋等国家和地区，年产量由初期不足 500 吨发展至年产量突破 5000 吨，在中国香港的批发市场由初期 1 个发展到现在 6 个大型蔬菜批发市场，公司始终坚持"质如生命、永恒发展"的宗旨。在国内外市场实现了产品质量"零"投诉的良好业绩，得到了国内外市场的一致好评。"绿鸿"牌系列蔬菜以"鲜、嫩、净、靓、齐、口感好、品质优、信誉好"永立潮头，展示了七彩虹的风采。

公司始终坚持"以人为本、播种绿色、收获健康"的经营理念，以工业化的管理模式管理农业，实行"公司+基地+标准化+集约化+产业化"的管理模式，实行"产、供、储、运、销"一条龙服务的经营模式。确保食品安全，维护世界人类健康。为河南省发展绿色现代农业增了光、添了彩。

2017 年 12 月，开封市七彩虹农业经济发展有限公司子公司河南省农润农业科技有限公司成立，注册资金 588 万元，总资产 1600 万元，拥有 2 家无公害蔬菜种植基地，种植面积达 2400 亩，低温保鲜冷库约 6000 立方米。公司下设生物有机肥车间、蔬菜泡沫保鲜箱生产车间、蔬菜深加工车间（建设中），持股河南优夫农业科技有限公司，专注农村农业电商发展。

公司主要经营范围包括：农作物、果蔬、花卉、苗圃、中草药种植、初加工、产品仓储及冷藏、运输及销售；豆制品、水产品、肉蛋奶类、副食调料销售；生物菌肥、有机肥研发、生产、销售；开展国家政策允许的进出口业务。其中，公司生产的系列蔬菜，包含菜心、洋葱、土豆、散百花、胡萝卜等十多个优质品种，远销港澳市场。

公司既是中国传统农业的推动者，又是智慧农业的开拓者。始终秉持绿色生态的生产方式、安全健康的经营理念。公司承载着社会责任和共同的梦想，以"兴农强民"为己任，坚持以"承诺、诚信、奉献"的态度，以"发展生态农业，享受美好生活"的核心价值不懈努力，积极构建以大农业、大健康、大使命、大情怀为目标的现代农业科技产业集团。通过高端的科研技术与现代管理理念、专业化的市场运作，为客户提供高质量产品和优质服务体系。

开封市七彩虹农业经济发展有限公司先后被河南省农业厅评为"河南省无公害农产品产地""河南省农业标准化生产示范基地"。2010年11月，河南省促进食品农产品出口工作领导小组授予开封市七彩虹农业经济发展有限公司河南省出口食品农产品质量安全示范区"荣誉。2010年12月，开封市人民政府授予开封市七彩虹农业经济发展有限公司"农业产业化市重点龙头企业"等荣誉。

（二）土地流转实践

2002年，开封市七彩虹农业经济发展有限公司流转农地500多亩，2008年流转农地1000亩，2012年流转农地1800多亩，如图5-7所示。

开封市七彩虹农业经济发展有限公司农地流转采用农户直接与企业协商并签订合同的方式，即：农户 ↔ 企业形式。从2001年开始，开封市七

图 5-7　开封市七彩虹农业经济发展有限公司流转土地情况

彩虹农业经济发展有限公司先后与尉氏县邢庄乡水黄村 9 个生产队 300 多个农户逐一签订农地流转租赁合同，其中 50%农地由村委牵头，50%农地由公司和农户协商流转。

根据《中华人民共和国合同法》《中华人民共和国农村土地承包法》《农村土地承包经营权流转管理办法》及其他有关法律法规的规定，本着公平、公正、自愿、互利、有偿的原则，经充分协商，签订农地流转合同。

1. 水黄村村民黄金成自愿将自己责任田 3 亩租赁给开封市七彩虹农业经济发展有限公司，租赁责任田实际测量数据为东面南北宽度 36.84 米，西面南北宽度 35.85 米，南面东西长度 55.40 米，北面东西长度 55.40 米。

2. 经农户和开封市七彩虹农业经济发展有限公司协商，每亩每年土地租赁租金为 800 元（大写捌佰元整），租赁期限为 10 年，起止日期为

2018 年 6 月 8 日至 2028 年 6 月 8 日，开封市七彩虹农业经济发展有限公司租赁农户土地期间，租金随七彩虹农业经济发展有限公司承包庄头镇土地租金上下浮动。

3. 村民实际责任田面积为 3 亩，开封市七彩虹农业经济发展有限公司承担村民土地租赁费合计为 2400 元（大写贰仟肆佰元整），土地租赁金由开封市七彩虹农业经济发展有限公司在每年 6 月 15 日前以人民币现金方式一次性支付给村民。

4. 农村土地所有权归国家，开封市七彩虹农业经济发展有限公司在租赁经营期间不得改变农地用途，无权私自将村民土地转包、转租。否则，拥有农地承包权的村民可以视开封市七彩虹农业经济发展有限公司违约；开封市七彩虹农业经济发展有限公司支付村民土地租赁金延迟期限为 15 天，如果开封市七彩虹农业经济发展有限公司支付农地租赁金拖延期限超过 15 天，村民有权收回自己农地的使用权。开封市七彩虹农业经济发展有限公司租赁村民土地期间，村民不得以任何理由在协议签订后，讨要土地，否则开封市七彩虹农业经济发展有限公司视村民违约，开封市七彩虹农业经济发展有限公司有权对租赁土地的使用权进行支配。开封市七彩虹农业经济发展有限公司租赁村民土地期间，村民不得以任何理由干扰公司在租赁耕地上的生产行为，否则视为村民违约，开封市七彩虹农业经济发展有限公司有权对村民干扰所造成的经济损失进行索赔。

5. 农地租赁期满后，同等条件下开封市七彩虹农业经济发展有限公司有优先使用权、续约权。

6. 协议一式两份，开封市七彩虹农业经济发展有限公司和农户双方各执一份，双方签字盖章后生效。

（三）土地流转经验及问题

开封市七彩虹农业经济发展有限公司在土地流转实践过程中，农地所有权、承包权、经营权产权边界界定清晰，有效保障了各权利方的合法权益和承担义务，农地集约规模化经营提高了土地生产力，实现了各权利主体合作共赢。

（1）农地流转合同明确地块面积、位置、确权等核心问题。进一步明晰公司经营权和农户承包经营权边界，核心在于确定租赁对象即农地标的物的范围、方位、归属性等问题。开封市七彩虹农业经济发展有限公司在土地流转租赁过程中对于租赁地块具体位置、面积、邻近地块等情况进行了详细测量记录，对该地块的承包权归属主体进行确认识别，邀请相邻地块承包权农户进行证实并在租赁合同上签字确认，清晰的产权认定有助于避免产权纠纷，为公司持续经营奠定基础。

（2）农地经营流转的关键在于农业产业化，实现一二三产业深度融合。农地承包权和经营权分离后，如何把农地经营好、管理好，实现微观生产要素效率和经营收益最大化是关键。开封市七彩虹农业经济发展有限公司农地流转经营成功的经验就在于坚持走农业产业化道路，实现一二三产业深度融合。以葡萄种植为例，初级农产品葡萄种植经过就地深加工可以生产葡萄酒，进而打造葡萄酒文化、葡萄庄园、葡萄酒会等产业链条，通过产业间融合可以提高农产品附加值，实现各权利主体持续收益最大化。

（3）农地流转面临厂房办公用地政策缺失、环保压力大的困境。从开封市七彩虹农业经济发展有限公司土地流转实践看，集体非农建设用地政策缺失主要表现为：①关于经营主体非农用地使用面积和使用方式等政策尚不明确，如公司经营所需要的办公场所、深加工厂房、职工宿舍等建设用地比例及使用方式缺乏政策性规范与指导。②改变农地用途，将农用地转为建设用地。③土地流转企业必需的基本生产经营用地得不到保障，生产经营积极性不高。④农产品深加工环节环保压力大，节能减排成本高。

四、尉氏县欣富源蔬菜种植专业合作社农地流转实践案例

2018 年 8 月 1~2 日，为深入了解尉氏县农村土地流转情况，进一步获得农地三权分置第一手资料，为分析现阶段农地所有权、承包权和经营权三者辩证关系提供原始案例支撑，选取尉氏县欣富源蔬菜种植专业合作社作为典型案例进行实地调研。

（一）欣富源蔬菜种植专业合作社简介

欣富源蔬菜种植专业合作社地处尉氏县张市镇南谢村。是在县、镇、村及各级主管部门的大力协调和支持下，依据中华人民共和国专业合作社法依法成立，是具有法人资格的合作经济组织。

欣富源蔬菜种植专业合作社于 2012 年 8 月成立，2012 年 12 月注册。其注册成员有：理事长孙国富，股东 5 人，职工 45 人。注册资金为 200 万元。资金来源全部由核心成员以货币资金形式出资。企业总投资 1.5 亿元，前期投资为 2500 万元，现有资金 1800 万元，二期投资为 8000 万元。欣富源蔬菜种植专业合作社流转土地面积已达 423 亩。其中 153 亩使用年限为 15 年，270 亩使用年限为 10 年。土地分配使用面积为：蔬菜大棚

120 亩，果树 245 亩（葡萄面积 200 亩，设施桃树 45 亩），粮食作物 45 亩，养殖场 13 亩。其中改造荒地 80 余亩，并将 13 亩作为养殖用地。

由于欣富源蔬菜种植专业合作社离城市较远，农民信息闭塞，缺乏专业技术支持，造成了小农户与大市场的矛盾，致使农民种地效益低下，积极性不高，甚至有的土地有闲置的时间。欣富源蔬菜种植专业合作社为解决周边农民种地的矛盾与短板，通过引进专家技术人才，现场指导与技术培训相结合，完善农民自我服务功能。欣富源蔬菜种植专业合作社通过品牌运作和标准化体系建设，增强核心竞争力。同时，积极与市场商户及公司企业联系，及时把握市场动态，尽可能地争取更多的农业生产订单。听取科研院所的技术指导及参加培训，保证生产出优质高效农产品，并拓宽销路，让农民看到效益，带动他们的积极性。

欣富源蔬菜种植专业合作社的功能主要是为社员提供经济、信息、技术等农业生产经营有关的服务。信息技术资源常年依托于河南省农业科学院，开封市农林科学研究院院长及程志强所长的全程技术指导。欣富源蔬菜种植专业合作社现已作为河南农业大学实习基地、开封市农林科学研究院科研基地。经过 2012~2014 年的发展。加入合作社成员增至 200 人，带动周边群众 500 多户，使每户增收 1 万多元，解决周边农户 100 人就业。

欣富源蔬菜种植专业合作社理事长在 2014 年 5 月 9 日习近平总书记到尉氏县做农业调研时，有幸受邀参加习总书记的座谈会，在会上受到习近平总书记的鼓励与肯定，国家在农业政策上大方向的明确，使欣富源蔬菜种植专业合作社信心十足，要放开手脚在农村大干一番，不辜负国家和党的期望。

欣富源蔬菜种植专业合作社以基地为核心积极发展周边农户，让农户与合作社一起签订单，凡与合作社一起签订单的农户把土地托管进合作社的，免费提供技术指导，农产品优先销售，尽可能地减少农户风险。欣富源蔬菜种植专业合作社与农户共享本社的供销渠道，尽量降低农户的生产成本，托管进合作社的土地的所有权及使用权，都归农户所有，欣富源蔬菜种植专业合作社主要负责农户的农产品的种植与销售。土地托管入社有要求，即"四个统一"（统一规划，统一品种，统一技术指导，统一质量标准采收，分户分区管理），到 2018 年已有近 300 户进行土地托管登记，土地面积达 1080 亩，产生了较好的经济及社会效益。

欣富源蔬菜种植专业合作社地理位置处于多条高速公路出口附近，交通非常便利。农业基础设施配套齐全，是传统的果蔬生产区域。有万亩桃园，有西瓜、辣椒、蔬菜等几万亩，每年果蔬成熟季节各地客商云集，但由于农户各自为战，缺乏龙头企业引领，不能形成大市场，不能形成拳头产品，在市场上缺乏竞争力。所以，欣富源蔬菜种植专业合作社计划使用果蔬设施栽培，来调整产品结构，达到产品多样化、优质化的目标。利用反季节生产，错季销售，周年供应，满足市场需求，有利于采取生物防治和化学防治，减轻各种病虫害的发生，有效地降低农药的残留，生产出无公害绿色果品。并且将产生明显的经济效益及社会效益，用来发展农村经济新的增长点，增加农民收入。

为了管理好产品质量，控制生产成本，生产出无公害绿色产品，尉氏县欣富源蔬菜种植专业合作社已着手往立体农业生态循环方向发展，即按照"林、果→禽→草→沼气→有机肥→草→禽→林、果"的模式循环来发展。现在已经建立了养殖场、果园生草、林下种植优质牧草，降低了人工除草费用，减少了除草剂的使用量，增施了有机肥，改善了土地板结，增加了客观的综合效益。下一步需要再建一座沼气池，以减少化肥的使用，防止环境污染，最大可能地生产出无公害绿色的农产品。

尉氏县欣富源蔬菜种植专业合作社，坚持以党的十七届三中全会和中央农村工作会议精神为指导，依据《中华人民共和国农民专业合作社法》的有关规定为方针，以谋求成员的共同利益为根本宗旨，入社自愿、退社自由，以民办、民管、民受益为准则。根据社员在生产经营过程中出现的实际困难和问题，以资金互助为依托，在规定的范围内为内部社员的生产、经营提供资金支持。在运作过程中，制定和不断完善互助资金管理办法。尉氏县欣富源蔬菜种植专业合作社自组建以来，本着"想农民之所想，急农民之所急，帮农民之所需"的经营宗旨，积极开展农村土地承包经营权流转，扩大蔬菜种植面积，搞好销售、加工、运输、贮藏、包装及与农业生产经营有关的技术培训、信息咨询等服务。这种运作办法简便易行，符合农村实际，受到了社员的普遍欢迎。既解决了周边农村剩余劳动力问题，提高了周边农民的经济收入，又带动和推进了周边村的经济发展。经过三年时间的运作，取得了很好的效果。

下一步，要积极发展多元化生产经营，开发休闲农业、观光农业，建设高标准现代农业科技示范园，着重建设立体生态循环农业，前景目标是发展千亩葡萄园（见图5-8），经过多方调查和多家走访，及专家的专业指导，尉氏县欣富源蔬菜种植专业合作社对发展千亩葡萄园信心满满，希望这一目标的实现能给村民带来更大的发展前景，实现更多的经济效益。

图 5-8　尉氏县欣富源蔬菜种植专业合作社葡萄种植园

（二）农地流转实践

尉氏县欣富源蔬菜种植专业合作社农地经营权流转采用农户直接与合作社协商并签订合同的方式，即：农户↔企业。农地流出方为尉氏县张市镇南谢村村民，农地流入方为尉氏县欣富源蔬菜种植专业合作社。2012年，尉氏县欣富源蔬菜种植专业合作社流转农地 80 亩，以种植大棚蔬菜黄瓜、甜瓜为主，公司员工 40 人；2013 年，尉氏县欣富源蔬菜种植专业合作社流转农地 530 亩，主要以种植蔬菜、果树为主（葡萄 300 亩，桃树70~80 亩），樱桃、梨、桃等 70~80 亩；2014 年，新增养殖场、有机肥厂。农地流转采用合同形式，由农地流出方与农地流入方在平等自愿协商基础上签订农地经营权流转协议书。

为了优化农业种植结构，增加农民收入，加快农业现代化的进程，经村委协调，农地流出方与流入方经友好协商，本着平等、自愿、有偿、诚实信用原则，就流转农地流出方位于西北地区的土地面积（折 3.88 亩）一事，达成以下协议：

1. 尉氏县欣富源蔬菜种植专业合作社同意支付每亩 1000 元土地使用费，受让现有尉氏县张市镇南谢村村民承包权土地使用，经营权 15 年。土地流转期限为：自 2012 年 9 月 20 日起至 2027 年 9 月 20 日止。农地流出方应在 2012 年 10 月 23 日之前将土地交于尉氏县欣富源蔬菜种植专业合作社。尉氏县欣富源蔬菜种植专业合作社在协议签订 10 日内，付给农地出让方土地使用费 1000 元/亩，以后每年 8 月 1 日付清次年流转费用。

2. 尉氏县欣富源蔬菜种植专业合作社有权利在所流转的土地上进行农业、畜牧业生产活动及根据合作社需要有权自行建设相关配套设施，村委应当支持合作社持续发展。尉氏县欣富源蔬菜种植专业合作社需要办理项目的相关手续，村委需要大力支持，同时享有国家、省、市相关优惠政策支持。

3. 尉氏县张市镇南谢村村民拥有农地承包权，不得在协议流转期限内无故干扰、侵犯合作社的自主经营活动，如对尉氏县欣富源蔬菜种植专业合作社造成损害的，作为农地出让方的农民必须予以赔偿。

4. 今后国家实行良种补贴，归尉氏县张市镇南谢村村民所得，尉氏县欣富源蔬菜种植专业合作社不享有相关政策。若国家政策发生变化，以国家依据为准，若国家征收土地，所得补偿归尉氏县欣富源蔬菜种植专业合作社。

5. 若此土地四至界限发生纠纷，由拥有农地承包权的农户负责并落实到位。农户有义务协助尉氏县欣富源蔬菜种植专业合作社按协议行使土

地经营权；帮助合作社调节和其他承包户之间发生的用水、用电等方面的
纠纷，不得干预合作社正常的生产经营活动。

6. 农地流出方和流入方在协议生效后应本着诚信的原则严格履行协
议义务。如一方当事人违约，应向守约方支付违约金，违约金的数额为该
土地转让金的 100%。

7. 协议未尽事宜，须经有关各方协商解决，并签订相应的补充协议，
补充协议具有同等法律效力。

8. 协议一式三份，农地流出方与流入方各执一份，村民委员会存档
一份。协议经各方代表签字盖章后生效。

（三）农地流转经验及问题

尉氏县欣富源蔬菜种植专业合作社在土地流转实践过程中，农地所有
权、承包权、经营权产权边界界定清晰，有效保障了各权利方的合法权益
和承担义务，农地集约规模化经营提高了土地生产力，实现了各权利主体
合作共赢；此外，农地流转在经营管理方面也存在一定的问题和局限性。

（1）农地流转经营融资难，资金链风险大。由于合作社流转后的农
地只拥有经营权而没有所有权和承包权，无法把农地作为标的物进行银行
抵押贷款，农地经营管理所需资金融资渠道较少，导致合作社农地融资
难，企业缺乏经营资金。

（2）农地流转经营管理跟不上，农地流转成本、人工成本、农资成
本较大，投入较多，农地经营利润较低，规模化经营优势得不到体现。

（3）农业产业化水平低，一二三产业融合度不够。由于资金供应不
足、管理跟不上，农地种植养殖初级农产品附加值低，农业产业化不能实

现，无法形成种、产、销完整产业链，农地生产效率和规模效应较低。

（4）农业科技化水平较低，技术人员专业领域较单一，经营管理水平有待提高，农地流转规模和收益效率不成比例，大规模农地流转收益较低。

本章小结

家庭联产承包责任制是对农地产权制度的重大创新，提高了农业生产效率，实现了土地资源的合理利用和农村经济的可持续发展，但是随着社会生产力的进步，农业生产规模化经营成为农业发展的趋势，家庭联产承包责任制下的小规模农业经营方式不再适应农业现代化的要求，家庭联产承包责任制的弊端逐渐显现，于是需要对农地产权制度进行进一步的革新。三权分置制度下的农地产权制度将土地的承包、经营和流转三个权利分开，将土地承包权和经营权交给农民，而将土地的所有权交给国家，赋予农民更多的土地运营自主权，从而实现增加农民收入和促进乡村振兴的目标。三权分置制度的推行实现了农地产权主体的多元化，符合农业现代化的要求。三权分置制度在尉氏县农地流转过程中的实践探索进一步丰富了农地所有权、承包权和经营权相互关系理论和实践价值。农地流转三权分置制度，是在两权分置演化实践基础上的又一次制度创新。三权分置制度对农地所有权、承包权和经营权边界的清晰界定，在微观上有利于提高农地使用效率，促进农村生产要素优化配置；宏观上有利于进一步解放和发展农村生产力，增加农民收入，促进农村生产关系的变革。从某种意义上说，三权分置制度为中国农业现代化奠定土地制度基础，为推动经济新常态下的国民经济发展奠定制度基础。尉氏县三权分置制度农地产权制度实践的核心在于维护所有权、保障承包权与放活经营权，实现了农民、村集体、农开公司与经营主体的四方共赢。三权分置制度下的农地产权制度是兼顾效率与公平的一项制度安排。

农村集体土地承包经营权的流转是对家庭联产承包责任制的进一步探索，推进土地承包经营权流转符合规模化、简约化的现代农业发展要求，有助于乡村振兴发展。本章通过对尉氏县土地流转的专题调研探究三权分置制度的运行机制。尉氏县农业发展面临着土地经营零碎化的困局，通过鼓励农村土地承包经营权流转，促进适度规模经营，实现了农业产业化发展。通过实地调研尉氏县农地流转实践案例，认为农地承包经营权流转，有利于提高土地利用效率，降低农户种植风险；有利于农业集中经营，发挥规模经济最大效益；有利于提高农业生产科技含量，增加土地肥力；有利于农民提高收入，增加闲散农户就业；有利于发展生态农业，改善农村生产环境；有利于农村社会稳定，防止农村空心化。

三权分置制度的实施也存在土地流转速度较慢，土地流转市场有待完善，缺乏农地租赁监管与防范机制等问题。针对上述问题，一方面，国家要保持土地承包关系稳定并长久不变，给土地承包与经营主体一粒"定心丸"，有利于促进农业规模化发展；另一方面，要重构集体所有制下的农地产权结构，明晰土地产权关系，维护好农民集体、承包农户、经营主体的各方权益，建立健全农业现代化的产业体系。三权分置制度设计存在制度和法律方面的桎梏，面临市场经济条件下权利主体博弈造成三方利益关系失衡的风险，以及由于配套机制不健全限制经营权权能实现等障碍性因素。由于三权分置制度的实施涉及土地承包合同的变更和撤销，可能会对农民的利益产生一定的影响，需要政府和相关部门制定相应的政策和措施来保障农民的权益。我国要加强对集体土地所有权的监管与保护，推进农村承包地确权登记颁证工作，完善土地流转市场体系。总体而言，三权分置农地产权制度改革是促进中国乡村振兴的重要举措。它有助于增加农民收入，促进农业规模化经营，推动城乡一体化发展，切实保护农民利益，对于促进农村经济的发展和土地资源的合理利用具有重要的意义。当然，三权分置农地产权制度还需要进一步完善，特别是在土地流转市场和补偿机制的建设上，需要加强法律制度和政策体系的完善，使政策得到更好的实施和落实。同时，需要加强对农民的宣传和培训，提高土地流转能力，使三权分置制度真正发挥出更大的作用，助力乡村振兴发展。

第六章 新时代持续推进农地产权制度变革的创新选择

关于推进农村土地产权制度变革，党的二十大报告也作出了重大战略部署，属于党的"三农"工作的一个重要环节，相关的方针政策都具有一定的继承与发展，对于全面建成小康社会和社会主义现代化强国具有重要意义。在中国经济高速增长向高质量增长阶段转型的大环境下，创新农村土地产权制度，保障农民权益，对实施乡村振兴战略也具有重要的实践意义，是新时代"三农"工作的一个重要方向。在我国社会主义市场经济体制的框架下，构建一个什么样的农村土地产权制度，没有一个明确的界定。中华人民共和国成立以来，中国农村土地利用与农业发展，存在着一系列的深刻矛盾，对于农村土地集体所有制及其发展方式、农业生产等问题的辨识不清晰，导致了对农业生产的本质特征所决定的经营方式的特定需求的忽视，若以农村人口作为平均分配和调整农村土地的依据，土地分散、零碎经营、土地产权主体以及客体模糊等制度缺陷的出现也就在所难免。在新时代经济发展特征下，应加速农业发展的宏观战略布局，以农村土地产权制度突破为重点，来探索农地流转的新模式。虽然实践中取得了一系列的突破与成效，但仍存在一定的问题需要解决，应继续本着产权分割、产权明晰、产权完整的路径进行创新，推动农村经济发展，实施乡村振兴战略，建设全面小康社会和现代化国家。

第一节　尉氏县农村土地产权制度变革的困境及产生的影响

生产关系与生产力相适应才能推动经济社会的发展，近年来，中国经济社会不断发展，尉氏县在社会主义经济建设中既是改革的推动者，也是改革红利的分享者，作为中部地区一个以农村为主的县域经济体，农村土地产权制度在尉氏县经济发展及建设中占据重要地位。

一、农村土地产权制度变革的困境分析

在国家农村土地产权制度变革的浪潮中，既要顺应变革的时代要求，也要结合自身的实际情况，发展县域经济，全面建设小康社会。但是，现有土地产权制度的发展也存在困境，制约着尉氏县的经济建设，如何很好地解决当前的农村土地产权制度的发展困境，扎实推进农村土地制度变革，不仅是"三农"问题的重点，也会影响乡村振兴战略的实施。农村土地产权制度的变革，不仅关系到国家粮食安全问题，同时对农村社会的稳定发展也具有重要作用。因此，这一变革既是经济问题，同时也是一个政治问题，对中国的城镇化建设起到关键作用。

（一）尉氏县农地集体所有权边界不清晰

改革开放前"三级集体所有"是公社、生产大队、生产队的三级划分，而现在是乡镇村委会、村民小组，所以，集体所有在不同的情况下有不同的理解。农村地区及城郊的农村，也有不同的理解，如2004年修正的《中华人民共和国土地管理法》中的第八条就规定城市市区的土地属于国家所有，但是对于农村和城郊的土地，除由法律规定属于国家所有的以外，属于农民集体所有，宅基地、自留地、自留山也属于农民集体所有，土地的公有制性质确定了土地的国有性，农村土地集体所有难以明确到底为哪一级所有，从而导致现实中基层对农民土地权益管理的漏洞。以此来看，就难以界定农村土地产权制度变革中的集体所有权主体，尉氏县的相关界定也未见到一个明确的说法。对于所有权主体关系该归于国家、农民集体，还是属于农民，未有明确界定，导致的直接结果就是农村土地产权的"虚化"，难以明确农村土地产权制度的运行规则，致使责任与收益不匹配，尤其是出现土地征收等问题时，造成难以解决的困难，不仅不利于保障农民的权益，更会带来土地效益的损失。

（二）农地所有权与农地产权效益不匹配，造成效益损失

农村土地产权效益一般体现在使用和收益这两个方面，土地归农村集体所有受到国家法律的认可，但在现实中，不仅是尉氏县，全国其他县域也存在同样的问题，即农村集体并不享受完整的土地所有权。随着现在工业化发展的普及，政府对于集体土地一般主要实行"先征后补"的政策，但是往往最后的土地补偿款会低于市场价格，农民作为土地使用者，而不

是所有者，在这个交易过程中没有议价权，其正常的权益难以得到保障。作为农村土地的使用者，政府在经济建设时，应考虑如何改革农村土地产权制度，既保证农民的权益，又能推进经济发展进程，明晰农村土地产权制度变革方向。

（三）倡导农地流转，促进农地规模经营与使用权预期，保证农民产权权益

农民对土地稳定增加投入是以获得稳定的土地使用预期为前提的，同时也能够更好地发挥土地长期效益，以期得到保证和基础。尽管党的十九大报告中明确说明土地使用延长 30 年，来进一步稳定并维持农村土地的承包与使用关系，由于各地实际情况并不相同，有的地区因为人口压力而频繁对已"承包地"进行重新分配来满足新增人口对土地需求的情况时有发生。从尉氏县整体情况来看，此种状况较少，能很好地贯彻落实土地使用权延长 30 年的土地政策。但是随着经济社会的发展，农村外出务工人口逐年增加，土地与农民分离的情况成为一种新的常态，土地临时给别人耕种、租借成为一种新的现象，这些农民是不愿意放弃自己土地的使用权的，若没有给别人耕种，可能干脆让土地荒芜，这种情况下，土地的产权效益就产生了较大的损失，未能完全发挥其作用。这也是尉氏县在农村土地产权制度变革中面临的新问题，如何解决外出务工人员对土地的不稳定使用等情况，需要进行社会调研，统筹合理安排县域农村土地。

（四）尉氏县农村土地制度变革所面临的理论困境

农村土地承包权、经营权流转不顺畅，农村集体建设用地的管理失控

与农村土地征用形成的矛盾目前看来已经成为制约城镇化发展、农村土地产权制度变革的一个瓶颈性因素。从前文分析来看，存在农村集体土地产权主体不明确、权属关系界定不清晰、土地流转制度有待完善等问题，农民土地产权制度变革是一个不间断的探索过程，尉氏县既要贯彻国家政策，也要借鉴别的县域土地政策，实现多样化的创新与突破。

中国农村土地是集体经济组成的一部分，决定了其公有产权的性质，与私人产权是相对应的，从产权经济学的角度来看，私人产权边界清晰、归属明确，具有很强的排他性，科斯定理也从理论的角度说明私人产权的形态具有高效率特征。与之相对的公共产权，则有利于解决社会的公平问题。这样在理论上就形成了土地产权的私人产权比公共产权更具效率，而公共产权比私人产权更能体现公平。在经济学中，无论科斯定理，还是制度变迁理论、超产权理论，其研究都隐含了一个假设前提，即产权明晰或者说是产权能够清晰界定，而且在交易过程中，交易成本是能够测算或衡量的。现实经济中，这个前提条件并不是绝对的，而是较为模糊的，难以清晰界定，带来改革的不彻底性、不确定性，帕累托最优状态也就只能成为一个理想状态。这也就成为尉氏县农村土地产权制度变革理论上的一个困境。

产权理论研究中，土地资源是一种比较特殊的自然资源，在农村土地、经济发展过程中具有特殊的地位，而且农民与土地、农村集体与土地、国家与农民之间存在划分不清晰的问题，致使彼此之间存在错综复杂的关系，完全私人产权化可能会导致"市场失灵"，使土地资源难以最优分配，出现有限资源占有与分配不均的矛盾。在我国集体所有制长期不变的情况下，尉氏县也应秉持国家发展战略，以家庭承包经营作为农业、农村土地经济发展能够依赖的基本的经营制度。以此为基础，争取农村土地利用的公平与效率的统一。土地公有制是社会主义的基本特征之一，也是农村土地产权制度变革的底线，提高土地产权的经济效率，实行三权分置，赋予新型的经营主体更多的土地经营权，以此来促进土地经营权能够在更大范围内深化配置，提高土地的产出率、劳动生产率以及资源的利用率。规范并构建土地有限权的相关交易制度和实现对有限产权的利益保护，面临着错综复杂的情况，结合实践发展与理论研究，不难发现理论是实践的指导思想，而实践又是检验真理的唯一标准，理论上的困境造成了实践发展中出现的一系列错综复杂的情况。尉氏县农村土地产权制度变革不仅要有党的路线、方针、政策作为指引，也应该开展相关的理论研究，以配合实践变革发展的需要，来满足自身农村土地产权制度的健全。

（五）尉氏县农村土地产权制度变革面临的法律困境

2002 年的《中华人民共和国农村土地承包法》中关于促进土地流转方面的相关法律法规的限制性很强，使得集体经济组织以及农民关于土地产权的灵活运用有了很大的限制性。从而减少了在农村土地流转过程中自愿谈判的协调性与利益激励的积极性，导致在使用农村土地过程中，改善土地资源配置的动力减弱，个人与社会的经济效益降低。在《中华人民共和国农村土地承包法》与其相关的土地管理法中，任何单位、个人不得直接与集体经济组织协商交易土地产权，在集体土地上从事非农业建设与经营活动的。从产业结构协调发展的角度来看，尉氏县是农业为主的县域经济，在当前法律法规框架下，农业产业与相关的非农产业的协调是无法通过土地产权交易来实现的，对尉氏县的一二三产业的互动发展与调整，难以起到应有的作用，而提高土地要素的配置效率，增强自身的发展能力又是尉氏县当前正在着力解决的，这就造成了尉氏县在农村土地产权制度变革过程中面临的一大困境，土地的国有性质可能导致土地利用效率降低。

二、农村土地产权制度变革的影响分析

随着中国经济体制改革的逐步深入发展，农村改革一直是走在改革的最前端并逐步深入推进的，农村土地之于农村改革的重要性是不言而喻的，推动农村土地产权制度变革是以土地改革为主线，以实现农村农业的突破性发展，对于整个经济的全面深入发展也能发挥重要的推动与支撑作用。尉氏县的农村土地产权制度变革也应符合这一发展规律，进而确定自己的发展方向。

（一）农村土地产权制度变革是深化农村土地制度改革的内在需求

就尉氏县的实际情况而言，要实现农地的适度规模经营，就必须将土地产权制度变革作为重要的突破点，来探索更为规范有序的农村土地流转新模式，加快其流转速度，奠定尉氏县现代农业发展的土地制度基础。尉氏县的土地承包制度是以不改变农村土地集体所有制性质为基本前提的，而且在能够满足农村人口均等分配土地需求的要求下进行农村土地产权制度变革创新，由此带来的土地分散、零碎经营、土地产权主体客体界定模糊等制度缺陷就会不可避免地出现，这也是尉氏县农村土地产权制度变革中需要着力解决的问题，这使尉氏县进行农村土地产权制度改革成为一个必然的趋势。

尉氏县农地规模经营并没能随着农村劳动力非农化转移而同步推进，使得在土地产权界定不清及使用权交易市场缺失的情况下，农村土地规模小、零碎分散于农户之间。由此可知，尉氏县农业发展的主要推动因素是需求的不断提升，由此带来的农产品质量等问题也就不断凸显，对尉氏县农业竞争力的提升提出了新的内在需求。

在国家乡村振兴战略、城镇化战略的带动下，尉氏县的工业化与城镇化推进也势在必行，其带来的用地需求也会不断增长，预防土地供求失衡矛盾的发生，从客观上成为尉氏县的农村土地产权制度变革的一种内在需求。尉氏县自改革开放以来，工业化、城镇化进程不断提速、加快，土地、劳动力等生产要素的流动性加大，使得农村土地能够以极低的成本变成城镇建设用地。在当前统筹城乡发展的大背景下，城郊农村土地增值空间的上升，使得土地性质发生了改变。同时在客观上也促使这部分农民的土地有了进行外部流转的内在需求。尉氏县亟须变革农村土地产权制度，发展县域经济，实现小康社会。

（二）尉氏县农村土地产权制度变革的趋势分析

1. 尉氏县农村土地产权制度变革趋势对农民收入的影响

对于以农业经济为主的尉氏县来说，土地是农村人口拥有的为数不多的资产之一，但是农民的土地权利是不能在市场上自由转让与流转的，在"三权分置"的前提下，土地对农民收入的影响就成为尉氏县农村土地产权制度变革趋势不得不考虑的重要因素之一。农村土地制度的核心就是农村土地产权问题，清晰的产权界定、权能的完整、流转顺畅的农村土地产权对于农村的农业经济发展具有重要的作用。近年来，尉氏县农村的部分剩余劳动力开始转移到非农产业，农民对土地的依赖程度降低，农民收入构成发生了很大的变化，理论上来说，农民收入的影响因素主要包括家庭劳动力、生产性资产等投资水平、金融可得性，土地经营规模，劳动生产率等，但随着经济的发展，尉氏县农村土地和劳动力市场不断发展，农产类型也开始日趋分化，收入结构也趋向多元化。尉氏县农村土地产权制度的变革促使农户对家庭的土地、劳动力和资本进行重新配置。受到农地流转、农村金融发展等因素的影响，土地在不同农户之间会进行重新配置。生产效率不同、农业经营比较优势不同的农户会对其自身的生产要素进行重新配置，由此最终带来收入水平及收入来源的结构性变化。

尉氏县农村土地产权制度变革是以土地承包不变为基础的，农民的转让、入股、合作、租赁等形式的土地经营权进行流转，有利于提高农村土地利用效率和推动农地规模经营的适度发展。由此带来的农业大户、家庭承包、农民专业联合合作社等农业经营方式中具有比较优势的规模主体对土地经营产生极大的需求，政府可以积极培育这种形式的土地流转市场，鼓励新型经营方式与主体的发展，推动尉氏县农民土地股份合作，土地承包权、经营权抵押融资等变革，在此基础之上，农村地区的土地、资本、劳动力等生产要素的配置方式会发生很大程度的改变，从而对农民的收入与农业产出带来很大的影响。

2. 尉氏县农村土地产权制度变革趋势对城镇化的影响

城镇化是现代经济社会发展的重要推动力之一，人口集聚产生显著的规模经济效应，从而促使私人和公共投资的平均成本以及边际成本降低，以获取更高的经济效益。尉氏县随着农业劳动生产率的提高，大量剩余劳动力被解放出来，农村人口向城镇聚集成为今后发展的一个重要趋势，同时，二三产业的城镇化发展，使得一二三产业间的协调发展成为现代经济体系的重要构建要求之一。尉氏县城镇化过程中，对就业人口结构、经济产业结构的调整，城乡空间结构的变迁过程都与农村土地产权制度的发展有着不可分割的联系。

中国土地产权规定农民对集体土地享有承包经营权与宅基地使用权，但土地产权权能是不完整的，造成了农民土地利用效率的下降，从而使得农村人口流动而户籍不动，导致的农村土地资源配置不合理，成为改革的一个重要内容。而尉氏县在城镇化进程中也面临着同样的问题，尉氏县城镇化滞后于工业化，而人口城镇化又滞后于土地城镇化，这是尉氏县农村劳动力转移的现实问题。因此，进行农村土地产权制度变革，应在加强农村集体土地流转的同时，保障农民权益，弱化农民对土地的依赖，最终促使农村土地产权制度与尉氏县的城镇化协调发展。

第二节　农村土地产权制度变革的创新路径选择

三权分置改革，是现实农村基本经营制度的一个自我完善，是我国对于农村土地产权制度改革的一个重大创新，是对家庭联产承包责任制的继承与发展。中共中央办公厅、国务院办公厅 2016 年印发的《关于完善农村土地所有权承包权经营权分置办法的意见》对农村土地产权制度变革做出了基本要求。从改革开放之初实行家庭联产承包责任制，所有权归于集体，而承包经营权归于农户，是最初农村改革的两权分离模式，到现在农村土地集体所有权、农户承包权、土地经营权三权分置并行，全国各个地区在农村土地产权制度改革的历史浪潮中，紧跟党的政策、方针、路线，与时俱进，不断探索，以自身实际情况为基准，积极变革农村的生产关系，解放和发展农村生产力，推动农村经济。为了适应健全社会主义市场经济体制的新要求，国家不断深化农村集体产权制度改革，探索农村产权制度的有效形式，维护农民合法权益，增加农民的资产性收入，完善农村基本经营制度，引领农民逐步实现共同富裕。

一、农村土地产权制度变革发展理念创新

随着社会主义市场经济体制的不断发展和完善，取得的成就是有目共睹的，农村作为中国经济建设发展的一份力量，坚定不移贯彻党中央新的发展理念，坚决端正发展观念、转变发展方式，注重发展质量与效益的不断提升。实行农村土地产权制度变革，是我国解决"三农"问题的一个重大举措，优先发展农业农村，建设产业兴旺、生态宜居、乡风文明、治理有效、生态富裕的新农村，建立并健全城镇化发展的体制和相关政策体系，推进农业农村现代化建设和发展。

党的十九大报告中指出，土地承包关系保持稳定且长久不变，第二轮土地承包到期后再延长 30 年，全国积极贯彻落实这一农村土地政策，巩固并完善农村的基本经营制度，在深化全国农村土地产权制度改革的进程中，不断完善承包地三权分置制度，保障农民财产权益，构建符合自身特色的农业产业体系、生产体系、经营体系，发展并创新多种形式的适度和规模经营，积极推动乡村振兴战略在全国的实施与落实发展。

发展是解决我国一切问题的基础与关键，对于我国来说，农村土地产

权制度变革，也是一个不断发展、不断创新、不断完善的过程，必须坚持科学发展，贯彻新的发展理念，才能将农村土地产权制度变革的路径与时代相联系，与党中央的政策、方针、路线相统一，坚定不移地贯彻创新、协调、绿色、开放、共享的新发展理念，巩固并完善公有制经济，鼓励、支持、引导非公有制经济，发挥政府作用，推进农村土地产权制度变革进程。同时，发挥市场与政府资源配置的双重作用，来推动我国的新型工业化、城镇化、农业现代化同步发展。

二、农村土地产权制度变革运行环境创新

新时代我国社会的主要矛盾是人民日益增长的美好生活需要与不平衡不充分的发展之间的矛盾，从而对社会发展提出了新的要求。同时，相应的经济发展也要围绕解决这一矛盾而展开，相应的社会经济运行环境也将发生变化，全国的农村土地产权制度变革的社会经济环境也将发生改变，如何创新这一变革的运行环境使改革的方向朝着好的方向发展是应该着力解决的问题。

在国家的经济发展中，农业经济仍占有较大的比重，农村农业的发展是衡量农村土地产权制度变革的重要标准，国家的现代化建设与以往相比，更应注重运行环境的变化，尤其是农村土地产权制度与"三农"紧密相关，实现人与自然和谐共生，以节约优先、保护优先、自然恢复为主的生态发展观，形成国家节约资源和保护环境的空间格局，遵循自然规律，才能从根本上有效防止开发利用农村土地的过程中"先污染后治理"的发展路径，形成产业结构、生产方式、生活方式和谐的新格局。

全国农村土地产权制度变革过程中面临的运行环境与以往也存在着很

大的差异，创新其运行环境不仅能保证变革的顺利进行，而且也可以解决发展中留下的"后遗症"。应突出环境问题，倡导绿色发展，加大生态系统保护力度，改革政府生态环境监管体制，走一条新时代的农村土地产权制度改革路径。环境污染问题是经济社会发展过程中出现的，如水污染、大气污染、土壤污染等，国家推动农村土地产权制度变革、发展农业农村经济过程中，应该坚持全民共治、源头防治、持续进行，构建以政府为主导，企业农村集体为主体，全民参与的社会发展的环境治理体系。建立绿色发展的农业农村经济体系，应该纳入到农村土地产权制度中，从政策和制度的高度进行规范。

三、农村土地产权制度创新路径选择

中共中央、国务院在 2016 年的《关于稳步推进农村集体产权制度改革的意见》中指出，因地制宜的探索农村集体经济的有效形式，为全国各个地区探索农村土地产权制度创新路径提供了重要的指导和参考依据，为创新农村土地产权制度与农村经济运行机制，保护农民的土地财产权益，调动农民发展现代化与建设社会主义新农村的积极性，提供了发展方向和目标，让广大农民分享改革发展的成果，对如期实现全面小康社会目标具有十分重要的现实意义。

土地承包权是农村土地集体所有权实现的前提，集体所有权的实现形式是以农民承包经营权为主体的，在土地流转中由农民承包经营权派生出土地经营权，"三权分置"的新时代中国农业发展新路径赋予了新型经营主体关于土地更多的经营权能，能够促进土地经营权在尽可能大的范围内得到优化配置，以便提升土地的产出率、劳动生产率及资源利用率。全国

农村土地产权制度变革，则以正确处理农民与土地的关系为主线，不断探索农村土地集体所有制的有效实现形式，发挥土地集体所有权、承包权、经营权各自的功能与整体效用。

全国农村土地产权制度变革是一个极其复杂的问题，涉及方方面面，需要一个系统的思考与谨慎态度，具体分析来说，当前国家农村土地产权制度创新路径建议从以下几个方面思考：

第一，推动农村土地产权明晰化进程。从中国当前的农村土地制度改革来看，明确界定土地产权关系成为改革的一个基本方向，全国各个地区的农村土地产权制度改革也应该遵守这一发展规律，使全国的农民、农村集体经济，农业、农村经济等不同主体的权利都能够在新的土地产权制度框架内得到清晰的界定。这一改革过程是通过多样化、多元化的途径来实现的。例如，观点上的理论争论，有农村土地私有化与国有化之争，这是思想理论观点的碰撞。但是依据国情，最好的选择仍是坚持农村集体土地产权制度的现有方针和我们的社会主义经济体制的意识形态，以此为基础进行适度的改革，配合适当的措施进行。例如，在农村开展承包地、宅基地、房屋确权、领证、登记等一系列政策，以便能够明确清晰地将土地的使用权、收益权、部分处分权界定给农民；进行土地股份制改革，组建新型农民合作社经济组织，将农村承包地、集体未分配地（如"四荒地"）、集体建设用地等进行量化，分股到户，发展集体经济。明晰的产权关系不仅可以使土地要素能够按照市场的交易原则和配置原则进行流通，让农民获得更多收益，也有利于防止其他侵占农民土地利益的不法行为发生的随意性加大。

第二，推动农村土地适度集中与规模经营。随着经济社会的发展，城镇化成为社会发展的基本趋势之一，国家的城镇化建设在稳步进行中，由此造成了大量农村劳动人口流向城市，进而造成了农村劳动力的不断减少，外出务工或迁入城市居住等因素导致农村土地的利用效率降低，使得空置土地的承包权有了向农村剩余农户等流转和集中的趋势。同时，在调查中发现，全国长期以来的分散小规模的土地经营、使用，使得土地规模经营难以形成规模效应，为此政府出台了大量惠农政策，推动土地规模化发展与流转。从供需的角度来看，存在双方实现土地流转、适度规模经营的愿望，呈现出土地集中和规模化的趋势。因此，在接下来农村土地产权制度变革的进程中，国家应着力考虑采取何种类型和模式来实现国家农村土地产权制度向好发展，建立健全土地流转措施。

第三，推动农村土地征用与补偿机制的制定，保护耕地和维护被征地农民的权益。在国家城镇化进程中及外出务工人员逐步增多的情况下，农村形成了大量"空宅"的宅基地、非农建设用地与农用地之间在工业化进程中置换的可能，以实现资源的最优化配置。面对如此状况，在发展国家经济的过程中会出现对农村土地征用的情况，制度的不完善，规模过快过大，程序不合理，征地补偿不高等情况，造成了农民的土地权益受到侵害。国家应在征地过程中遵守法律法规，合理、公开、透明地实行征地，从根本上保护耕地，慎用商业征地，及时纠正违法违规行为，建立科学合理的补偿机制，保证农民的土地权益。

第四，推动农村土地产权制度的配套措施的实行，减少改革阻力，发展国家经济。有法可依是农村土地产权制度改革的必要根本保证，建立相应的配套措施，才能调动农民生产的积极性，分享改革红利，以得到农民支持。一是贯彻落实各项社会保障制度，免除农民的后顾之忧。二是完善国家关于农村土地征用及补偿机制，规范政府的征地程序。三是建立一个科学合理的土地资源评价体系，为土地流转、土地适度规模经营等新型方式提供一个制度保障。在评估土地的价格时，能充分考虑土地带来的生产资料功能、生态功能、社会稳定功能以及社会保障功能，以维护农民的合法权益。四是完善配套的农村金融体系与地方流转市场，真正将国家的经济发展与国家战略和市场经济体制相连接，从宏观层面上调控，微观层面上着手，推动国家的农村土地产权制度变革。

本章小结

生活富裕是乡村振兴的根本出发点和最终落脚点。新时代下，推进乡村振兴进入到新的历史阶段，我国要通过采取切实有效措施加快农业现代化步伐、促进农村居民增收、提高居民生活富裕水平。促进农民增收与提高农民生活富裕水平关键在于土地问题，需要依靠完善的农地产权制度。农地产权制度是一项将农户、集体、企业三者紧密相连的制度安排，农地产权制度创新对提高农村治理能力，促进农村居民增收与提高乡村振兴发展水平具有重要意义。自中华人民共和国成立以来，中国的土地产权制度经历了多次改革和演变。1950年颁布的《中华人民共和国土地改革法》提出：废除地主阶级封建剥削的土地所有制，实行农民的土地所有制，土地从封建私有制转变为"两权合于农民"的农地产权制度，在这一制度下，农民拥有了对土地的所有权。随着农业集体化的要求，农地产权制度由"两权合于农民"向"两权合于集体"演变，"两权合于集体"的土地制度下土地所有权从农民手中划归到集体所有，农民失去了土地的使用权和收益权，转而成为社员，通过劳动分配制度获得收入。然而，这一制度在实行过程中暴露出一系列问题，如农业生产效率低下、农村社会矛盾激化等。为激发农民生产积极性，推动农业生产力的发展，中共中央对农地产权制度进行重新修订和实施。在两权分置的农地产权制度下，土地所有权与经营权分离，农民的承包地权得到了进一步加强和保护，不仅有使用权，而且还有经营权和收益权，农民可以自主决定耕种方式和作物种植，获得更多的收益。新时代下为进一步深化农村土地产权制度改革，提出了三权分置的农地产权制度，土地使用权、经营权与承包权分离开来，实现了农地产权主体的多元化，推动了经济高质量发展。此外，中共中央提出了一系列政策措施，如推动农村土地承包经营权与农民财产性收入挂钩、发展农村集体经济等。这些措施旨在进一步加强农民的土地承包权，保障农民的合法权益，促进农业生产的发展，推动农村经济的繁荣。中国的土地产权制度的每一次改革都有其背景和目的，是中国农村经济发展的必然结果。在未来的发展中，中国将继续深化土地制度改革，以适应新时代农业发展的需求，推动农村经济的全面发展。

中华人民共和国成立以来，对于农村土地产权制度的不断探索，既是对社会主义公有制的巩固，也是对农村的基本经营制度的不断完善。从社会主义改造到人民公社，再到党的十一届三中全会之后的社会主义市场经济体制改革，合理利用农村集体成员所拥有的资源禀赋，以合作与联合等形式实现共同发展，是社会主义制度发展与完善的必经之路，也是我国社会主义市场经济关于农村土地产权制度方面的不断发展，三权分置符合我国当下的现实国情，是深化农村土地产权制度改革、探索农村集体所有制的有效现实形式，对于农村经济发展具有重要的意义，同时，也为城乡一体化发展提供了新的契机。在新时代下推进乡村振兴发展要以农地产权制度创新为突破口，着重解决农地产权制度探索中出现的新问题。尉氏县在农地产权制度变革中紧跟党的政策方针，既是改革的推动者，又是改革红利的分享者。本章通过对尉氏县农地产权制度的演进分析，总结出新时代下推进农地产权制度变革的创新选择。当前，农村土地产权制度变革中存在着农村集体土地产权主体不明晰、农地产权效益不匹配与土地流转制度不完善等困境，农地产权制度探索应当沿着产权分割、产权明晰、产权完整的路径进行不断探索与创新，增加农村居民收入，促进城镇化发展历程。农地产权制度变革要紧跟党的发展理念，推动发展理念的创新，要紧跟社会经济环境变化，因地制宜对农地产权制度进行创新优化。农村土地产权制度变革，既能调动个人积极性，又能发展农村集体经济，对于坚持中国特色社会主义道路，完善农村基本经济制度，引领农民逐步致富，实现共同富裕，具有深远的历史意义。

参考文献

［1］ Alitto G, The last Confucian : Liang Shu-ming and the Chinese Dilemma of Modernity, Berkeley: University of California Press, 1979.

［2］ Anselin L, Rey S, Properties of Tests for Spatial Dependence in Linear Regression Models, Geographical Analysis, Vol. 23, No. 2, 1991, pp. 112-131.

［3］ Brandt L, Chinese Agriculture and the International Economy, 1870s—1930s: A Reassessment, Explorations in Economic History, Vol. 22, No. 2, 1985, pp. 168-193.

［4］ Deininger K, Jin S, Securing Property Rights in Transition: Lessons from Implementation of China's Rural Land Contracting Law, Journal of Economic Behavior & Organization, Vol. 70, No. 1/2, 2009, pp. 257-261.

［5］ Feder G, Lau L J, Lin J Y, et al. , The Determinants of Farm Investment and Residential Construction in Post-reform China, Economic Development and Cultural Change, Vol. 41, No. 1, 1992, pp. 69-72.

［6］ Feng S, Heerink N, Are Farm Households' Land Renting and Migration Decisions Inter-related in Rural China? NJAS -Wageningen Journal of Life

Sciences, Vol. 55, No. 4, 2008, pp. 345-362.

[7] Garr D J, Expectative Land Rights, House Consolidation and Cemetery Squatting: Someperspectives from Central Java, World Development, Vol. 24, No. 12, 1996, pp. 1925-1933.

[8] Liu S, Carter M, Yao Y, Dimensions and Diversity of the Land Tenure in Rural China: Dilemma for Further Reforms, World Development, Vol. 54, No. 3, 1996, pp. 44-52.

[9] Macmillan D P, The Non-market Benefits of Wild Goose Conservation: A Comparison of Interview and Group Based Approaches Ecolagical, Economics, Vol. 43, No. 1, 2002, pp. 49-59.

[10] Nitya R, Land Rights, Gender Equality and Household Food Security: Exploring the Conceptual Links in the Case of India, Food Policy, Vol. 31, No. 2, 2006, pp. 180-193.

[11] Wang H, Tong J, Su F, et al. , To Reallocate or not: Reconsidering the Dilemma in China's Agricultural Land Tenure Policy, Land Use Policy, Vol. 28, No. 4, 2011, pp. 805-814.

[12] [美] V. 奥斯特罗姆、D. 菲尼、H. 皮希特:《制度分析与发展的反思——问题与抉择》,王诚等译,商务印书馆1992年版。

[13] [美] 道格拉斯·C. 诺思:《经济史中的结构与变迁》,陈郁、罗华平译,上海人民出版社1994年版。

[14] [美] 理查德·A. 波斯纳:《法律的经济分析》,蒋兆康译,中国大百科全书出版社1997年版。

[15] [苏] 乌达钦:《土地规划理论问题》,许牧等译,农业出版社

1960 年版。

［16］［英］伊特韦尔：《新帕尔格雷夫经济学大辞典》（第二卷），经济科学出版社 1996 年版。

［17］［英］亚当·斯密：《国民财富的性质和原因的研究》，郭大力、王亚南译，商务印书馆 1974 年版。

［18］《关于加大改革创新力度加快农业现代化建设的若干意见》，2015 年 2 月 1 日，中央政府门户网站，http：//www. gov. cn/zhengce/2015 - 02/01/content_ 2813034. htm。

［19］《关于落实发展新理念加快农业现代化实现全面小康目标的若干意见》，2016 年 1 月 27 日，新华网，http：//www. xinhuanet. com//2016 - 01/27/c_ 1117916568. htm。

［20］《关于全面深化农村改革加快推进农业现代化的若干意见》，2014 年 1 月 19 日，中央政府门户网站，http：//www. gov. cn/jrzg/2014 - 01/19/content_ 2570454. htm。

［21］《加强领导、坚持改革、落实政策，推动我县农村经济持续稳定协调发展》，1998 年 5 月至 1998 年 10 月，尉氏县档案馆藏，全宗号 86 案卷号 52。

［22］《马克思恩格斯全集》，人民出版社 1985 年版。

［23］《毛泽东选集》（第 4 卷），人民出版社 1991 年版。

［24］《毛泽东选集》（第 5 卷），人民出版社 1977 年版。

［25］《中共尉氏县委关于扩大会议贯彻中央四次互助合作情况总结报告》，1953 年 1 月 30 日至 1953 年 11 月 23 日，尉氏县档案馆藏，全宗号 1 案卷号 16。

[26]《中共中央　国务院关于深入推进农业供给侧结构性改革加快培育农业农村发展新动能的若干意见》，2017 年 2 月 5 日，中央政府门户网站，http：//www. gov. cn/zhengce/2017-02/05/content_ 5165626. htm。

[27]《中共中央关于印发〈当前农村经济政策若干问题〉的通知》，1999 年 1 月 6 日。

[28]《中共中央　国务院关于实施乡村振兴战略的意见》编写组：《中共中央　国务院关于实施乡村振兴战略的意见》，人民出版社 2018 年版。

[29]《中华民国史档案资料汇编第五辑第一编财政经济》，江苏古籍出版社 1994 年版。

[30] 蔡继明：《关于当前土地制度改革的争论》，《河北经贸大学学报》2015 年第 2 期。

[31] 蔡镇疆：《中国农村土地集体所有制问题分析》，《新疆大学学报（哲学社会科学版）》2006 年第 6 期。

[32] 陈风华：《中国土地市场》，中国政法大学出版社 1994 年版。

[33] 陈锡文：《"三权分置"让农民心里更踏实》，《湖北日报》2017 年 1 月 25 日第 11 版。

[34] 陈锡文：《为什么提倡实行"增人不增地、减人不减地"的耕地承包办法?》，《中国改革》1994 年第 1 期，第 52-54 页。

[35] 迟福林、王景新、唐涛：《赋予农民长期而有保障的土地使用权》，《中国农村经济》1999 年第 3 期。

[36] 迟福林：《家庭经营也能实现农业现代化》，《经济参考报》2001 年 9 月 24 日。

［37］邓大才：《试论土地使用权买断经营——农村土地制度改革的一条思路》，《湖北社会科学》1997 年第 6 期。

［38］丁文：《论土地承包权与土地承包经营权分离》，《中国法学》2015 年第 3 期。

［39］杜润生：《中国的土地改革》，当代中国出版社 1996 年版。

［40］法律出版社法规中心：《中华人民共和国物权法》，中国法律图书有限公司 2007 年版。

［41］高元禄：《中国农村土地产权问题研究》，吉林大学博士学位论文，2007 年。

［42］郭熙保：《农业发展论》，武汉大学出版社 1995 年版。

［43］韩俊：《中国经济改革 30 年：农村经济卷（1978—2008）》，重庆大学出版社 2008 年版。

［44］黄小虎：《土地制度改革新思路和路线图》，《党政干部参考》2014 年第 19 期。

［45］姜义华：《理性缺位的启蒙》，上海三联书店 2000 年版。

［46］靳相木等：《农村税费改革可能造成土地公有制虚拟化》，《中国农村经济》2010 年第 11 期。

［47］李明秋：《中国农村土地制度创新研究》，华中农业大学博士学位论文，2010 年。

［48］李竹转：《我国农地产权制度改革应注意的问题》，《山西高等学校社会科学学报》2003 年第 8 期。

［49］梁志元：《中国农村土地流转制度创新研究——基于土地收储的视角》，吉林大学博士学位论文，2016 年。

［50］林毅夫：《制度、技术与中国农业发展》，上海三联书店 1994 年版。

［51］刘凤芹：《农村土地产权的归属、保护与政策建议》，《江苏社会科学》2004 年第 4 期。

［52］刘守英：《土地制度与农民权利》，《中国土地科学》2000 年第 3 期。

［53］刘书楷、曲福田：《土地经济学》，中国农业出版社 2004 年版。

［54］刘书楷：《土地经济学》，中国农业出版社 1996 年版。

［55］卢现祥、朱巧玲：《新制度经济学》，北京大学出版社 2014 年版。

［56］陆学艺等：《中国农村现代化道路研究》，广西人民出版社 2001 年版。

［57］罗红云：《中国农村集体经济组织发展路径探讨——基于对 8 省 292 户农民的调查》，《新疆财经大学学报》2012 年第 4 期。

［58］罗红云：《中国农村土地制度研究（1949～2008）》，上海财经大学出版社 2012 年版。

［59］罗平汉：《人民公社供给制探析》，《当代中国史研究》2000 年第 3 期。

［60］罗伊·普罗斯特罗、蒂姆·汉斯达德、李平：《关于中国农村土地制度改革的若干建议》，《中国改革》1995 年第 8 期。

［61］马克思：《哥达纲领批判》，载《马克思恩格斯选集》（第 3 卷），人民出版社 1995 年版。

［62］毛科军：《中国农村产权制度研究》，山西经济出版社 1993 年版。

[63] 潘俊：《农村土地"三权分置"：权利内容与风险防范》，《中州学刊》2014 年第 11 期。

[64] 任辉、赖昭瑞：《农村土地经营制度：现实反思与制度创新》，《经济问题》2001 年第 3 期。

[65] 邵彦敏：《中国农村土地制度研究》，吉林大学博士学位论文，2006 年。

[66] 覃美英、程启智：《建国以来我国农地产权制度变迁的经济学分析》，《农村经济与科技》2007 年第 4 期。

[67] 汪丁丁：《经济发展与制度创新》，上海人民出版社 1995 年版。

[68] 王安春：《1949 年以来中国农地产权制度变迁及创新选择》，福建师范大学博士学位论文，2008 年。

[69] 王安春：《农村土地流转的必然性及流转方式初探》，《改革与战略》2010 年第 10 期。

[70] 王沪宁：《当代中国村落家族文化》，上海人民出版社 1991 年版。

[71] 王景新：《中国农村土地制度的世纪变革》，中国经济出版社 200 年版。

[72] 王利明：《物权法专题研究》，吉林人民出版社 1997 年版。

[73] 王裕雄、林岗：《对当前中国农地制度改革争议中几个核心判断验证——基于东亚先发经济体经验证据》，《青海社会科学》2013 年第 2 期。

[74] 王泽鉴：《民法物权：用益物权·占有》，中国政法大学出版社 2003 年版。

［75］尉氏县地方史志编纂委员会：《尉氏县志 1986-2004》，中州古籍出版社 2015 年第 1 版。

［76］魏正果：《我国农业土地国管私用论》，《中国农村经济》1989年第 5 期。

［77］巫继学：《土地混合所有制："新土改"的最佳选择》，《贵州财经学院学报》2009 年第 1 期。

［78］吴思：《公家田里好长草（读史随笔）》，《北京青年报》2002年 8 月 27 日。

［79］吴兴国：《承包权与经营权分离框架下债权性流转经营权人权益保护研究》，《江淮论坛》2014 年第 5 期。

［80］肖卫东、梁春梅：《农村土地"三权分置"的内涵、基本要义及权利关系》，《中国农村经济》2016 年 11 期。

［81］杨显贵、夏玉华：《我国现阶段农村土地制度探析》，《经济论坛》2005 年第 9 期。

［82］杨小凯：《中国改革面临的深层问题——关于土地制度改革——杨小凯、江濡山谈话录》，《战略与管理》2002 年第 5 期。

［83］杨勋：《国有私营：中国农村土地制度改革的现实选择——兼论农村改革的成就与趋势》，《中国农村经济》1989 年第 5 期。

［84］杨一介：《中国农地权基本问题》，中国海关出版社 2003 年版。

［85］张德元：《实行土地国有化赋予农民永佃权》，《经济管理文摘》，2003 年第 2 期。

［86］张乐天：《告别理想：人民公社制度研究》，河南大学出版社1998 年版。

［87］张晓山：《中国农村土地制度变革回顾和展望》，《学习与探索》2006 年第 5 期。

［88］张燕梅：《农地使用权流转中农民土地权益流失及对策》，《台湾农业研究》2012 年第 3 期。

［89］赵宁、张健：《中国农村土地制度变迁的经济绩效评价》，《商业时代》2012 年第 7 期。

［90］郑志峰：《当前我国农村土地承包权与经营权再分离的法制框架创新研究——以 2014 年中央一号文件为指导》，《求实》2014 年第 10 期。

［91］中共河南省委办公厅、河南省人民政府办公厅《关于进一步稳定和完善农村土地承包关系的通知》，1997 年 10 月 10 日。

［92］中共尉氏县委、尉氏县人民政府《关于贯彻落实上级有关文件精神，切实加强土地管理和耕地保护的实施意见》，1999 年 1 月至 1999 年 12 月，尉氏县档案馆藏，全宗号 1 案卷号 536。

［93］中共尉氏县委、尉氏县人民政府《关于进一步稳定和完善农村土地承包关系的通知》，1998 年 6 月至 1998 年 12 月，尉氏县档案馆藏，全宗号 86 案卷号 47。

［94］中共尉氏县委、尉氏县人民政府《关于农业生产试行双向责任承包制的意见》，1989 年 2 月至 1989 年 8 月，尉氏县档案馆藏，全宗号 1 案卷号 435。

［95］中共尉氏县委、尉氏县人民政府《关于切实做好 1999 年农业和农村工作意见》，1991 年 1 月至 1991 年 7 月，尉氏县档案馆藏，全宗号 1 案卷号 436。

［96］中共尉氏县委、尉氏县人民政府《关于完善家庭联产承包责任制，加强土地管理的意见》，1991 年 1 月至 1991 年 12 月，尉氏县档案馆藏，全宗号 1 案卷号 431。

［97］中共尉氏县委、尉氏县人民政府《关于完善农村土地所有权、承包权和经营权分置办法的实施意见（讨论稿）》，2017 年 4 月至 2017 年 12 月，尉氏县档案馆藏，全宗号 86 案卷号 72。

［98］中共尉氏县委《关于对朱曲公社朱曲、胡张两个大队体制划分的请示报告》，1980 年 4 月 4 日至 1980 年 5 月 10 日，尉氏县档案馆藏，全宗号 1 案卷号 334。

［99］中共尉氏县委《关于目前农村经济政策规定（讨论稿）》，1979 年 2 月 28 日至 1979 年 11 月 21 日，尉氏县档案馆藏，全宗号 1 案卷号 324。

［100］中共尉氏县委《关于农村经济工作会议：典型材料》，1985 年 2 月 11 日至 1985 年 9 月 18 日，尉氏县档案馆藏，全宗号 1 案卷号 398。

［101］中共尉氏县委《关于农村土地承包几个问题的通知》，1984 年 1 月 5 日至 1984 年 8 月 24 日，尉氏县档案馆藏，全宗号 1 案卷号 381。

［102］中共尉氏县委《关于农业生产试行双向责任承包制的意见》，1989 年 2 月至 1989 年 8 月，尉氏县档案馆藏，全宗号 1 案卷号 435。

［103］中共尉氏县委《关于七九年生产责任制的建立和执行情况》，1979 年 2 月 28 日至 1979 年 11 月 21 日，尉氏县档案馆藏，全宗号 1 案卷号 324。

［104］中共尉氏县委《全党全民齐动员，千方百计夺取秋季农业全面丰收》，1980 年 5 月 13 日至 1980 年 10 月 21 日，尉氏县档案馆藏，全

宗号 1 案卷号 330。

［105］《中华人民共和国农村土地承包法》，中国法制出版社 2016
年版。

［106］钟怀宇：《论改革中国农村土地集体所有制的实现形式》，《当
代经济研究》2007 年第 3 期。

［107］周其仁：《产权与制度变迁：中国改革的经验研究》，社会科
学文献出版社 2002 年版。

［108］周天勇：《农村土地制度改革的模式比较和方案选择》，《山东
经济战略研究》2004 年第 10 期。

［109］邹秀清：《现阶段农地产权制度创新的战略思路与政策选择》，
《农村经济》2010 年第 11 期。

后　记

　　本书是笔者在河南财经政法大学公共管理学院任教期间的研究成果，特别感谢在此期间给予帮助的河南财经政法大学副教授侯晓东以及硕士研究生刘山峰、王子龙、孙旭东，他们在本书稿数据收集、文献整理、研究方法、政策建议等方面做出了较大贡献。此外，本书得到了河南省软科学研究项目（项目编号：232400410248）、河南省哲学社会科学规划年度项目（项目编号：2022BJJ020）的资助，特此致谢。

　　作为本书的作者，我非常荣幸能够为读者们呈现出一本关于河南省农地产权制度创新的历史逻辑、动力机制与激励政策研究的研究著作。本书在乡村振兴的背景下，以河南省尉氏县为例对河南省农地产权制度创新进行了深入的研究和分析。农地产权制度创新是中国农村发展的重要举措，河南省作为中国重要的农业大省，其农地产权制度创新经验具有重要的参考价值。本书通过对河南省农地产权制度创新的历史逻辑、动力机制和激励政策的研究，为读者们提供了一个全面而深入的视角，使他们能够更好地理解河南省农地产权制度创新的历史和现实。我希望这本书能够为读者们提供有价值的知识和启示，让他们更好地理解河南省农地产权制度创新的历史和现实以及未来的发展趋势。同时，我也希望这本书能够成为对农地产权制度创新研究的一个重要贡献，为学术界和社会各界提供有益的参考和思考。

最后，将最真诚的祝福送给所有关怀、鼓励、支持与帮助我的领导、同事以及亲友。由于受笔者时间与水平限制，书中难免有不足之处，许多地方有待改善，望广大读者批评指正。

刘英杰

2023 年 6 月